ELOGIO DA PALAVRA

Título original:
Elogio della parola

Tradução: José Serra
Revisão: Cátia Loureiro e Edmundo Vale Cruz

Capa: FBA

Depósito Legal n.º 453986/19

Biblioteca Nacional de Portugal – Catalogação na Publicação

MAFFEI, Lamberto, 1936-

Elogio da palavra. - (Extra-coleção)
ISBN 978-972-44-2157-5

CDU 612

Paginação:
Aresta Criativa – Artes Gráficas

Impressão e acabamento:
Artipol - www.artipol.net

para
EDIÇÕES 70
em
março de 2019

EDIÇÕES 70, uma chancela de Edições Almedina, S.A.
Avenida Engenheiro Arantes e Oliveira, 11 – 3.º C – 1900-221 Lisboa/Portugal
e-mail: geral@edicoes70.pt

www.edicoes70.pt

Lamberto

Maffei

ELOGIO DA PALAVRA

70

À minha mulher,
que me ajuda a pensar.

ÍNDICE

Apresentação 13
Introdução 19

I. A linguagem da palavra 27
II. A caminho de uma língua única 47
III. Educar para a palavra 61
IV. Inovação ou involução? 73
V. O bom governo 87
VI. Isto não é um cérebro 101
VII. Olhar, ver, falar 117
VIII. A cultura, goste-se ou não, é cérebro 141

Conclusões 155

Agradeço do fundo do coração à minha mulher, Graziella, que, com grande paciência, leu cada linha deste livro corrigindo-me o pensamento e a linguagem. Agradeço também ao Daniele Malaguti, que me encorajou a escrever este ensaio sugerindo-me alterações e leituras.

APRESENTAÇÃO

Para quem já assistiu a uma aula de Lamberto Maffei ou leu os seus ensaios direcionados a um público mais amplo do que o dos especialistas (por exemplo, *La libertà di essere diversi*, 2011; *Elogio da Lentidão*, 2014; e *Elogio della ribelione*, 2016), há um conceito que é familiar: a cultura é sempre cultura humanista, independentemente do tema sobre o qual se disserta, seja ele a arte ou a biologia; e o ponto de partida é sempre o cérebro (como diz, aliás, o título do último capítulo: «A cultura, goste-se ou não, é cérebro»). E o ouvinte, ou o leitor, está habituado a um estilo inconfundível: leve, sem nunca ser superficial, e, por vezes, inesperadamente irónico; por exemplo, quando descreve o pressuposto essencial deste livro — aquele segundo o qual a linguagem verbal, dotação característica da nossa espécie, é «um encadeamento de palavras ligadas pela razão» — e acrescenta uma nota satírica sobre a linguagem dos políticos, que se perde na arte pouco nobre da demagogia ou da manipulação, acabando por desmentir o referido pressuposto.

No cerne deste ensaio está a palavra, vista de todas as perspetivas, começando pela perspetiva neurobiológica, discutida no primeiro capítulo («A linguagem da palavra»). O aparecimento da linguagem nos seres humanos está ligado à construção daquilo a que nós chamamos «civilização», que é uma construção «inatural» por estar fora das leis de sobrevivência que governam a vida animal, condicionadas pela busca de alimento e pelas dinâmicas reprodutivas. Portanto, a palavra: aquela que cada criança aprende com segurança crescente e mestria completa nas primeiras fases da vida e que a resgata da condição de «prole inepta» — incapaz de cuidar de si assim que vem ao mundo —, que o pequeno humano tem em comum com os outros primatas. E esta aquisição é ainda mais clamorosa se refletirmos sobre o facto de, além da língua materna, a criança, nos primeiros anos de vida, quando exposta a outros estímulos linguísticos (tipicamente, o filho de progenitores de língua diferente), ser capaz de aprender perfeitamente dois idiomas, mesmo que sejam muito diferentes um do outro no que respeita aos sons e à tipologia.

Mas a palavra é uma faculdade que deve ser cultivada e aperfeiçoada durante a vida toda. No terceiro capítulo («Educar para a palavra») e no quarto («Inovação ou involução?»), Maffei concentra a atenção na escola e na necessidade de «voltar a falar». A viragem digital é irreversível, mas implica, sobretudo nas crianças e adolescentes enquanto indivíduos psicologicamente mais frágeis, o risco do fechamento em si próprios: o *smartphone* deixa de ser instrumento para conhecer o mundo e torna-se numa prisão, numa condição de vida artificial na qual, tal como pode acontecer com os presos ou os internados, se tende a impor atividades compulsivas. A «escola da palavra» é a «escola do hemisfério cerebral da linguagem, o da racionalidade», a escola da reflexão, que ensina a «refletir antes de decidir e a pensar antes de crer» e a alimentar a dúvida, «companheira fiável, ainda que inquietante, do raciocínio».

A palavra é certamente a palavra da cultura escrita, dos grandes clássicos até às intervenções de ensaístas e bons jornalistas sobre os grandes temas da sociedade. Mas é também, e antes ainda, a palavra usada na conversa concreta com os pares, com os professores e com os progenitores (sem excluir o «diálogo consigo mesmo», como é dito no quinto capítulo, «O bom governo»). Aprender a debater, a formar uma opinião, a verificar a sua consistência tendo por base a evidência argumentativa ou experimental, aprender a dialogar continuamente com os outros é o objetivo mais elevado e mais importante que a escola deve ter; um objetivo difícil, mas possível, pois, como observa Maffei, recuperando uma belíssima imagem de Montaigne, o jovem «é um fogo aceso de entusiasmo».

Cada língua interpreta o mundo de maneira diferente. Um dos riscos da globalização é o de introduzir a ideia de que as diferenças são um obstáculo que deve ser removido, um impedimento à comunicação e não um estímulo à abertura a outras realidades. O inglês *globish*, com as suas 1500 palavras, utilíssimo nas questões internacionais e na comunicação técnico-científica, «poderá não ser um fator de integração cultural da Europa», pois corre o risco de ser «uma língua do mercado, própria de uma nação que escolheu, inclusivamente, deixar de fazer parte da União Europeia» (segundo capítulo, «A caminho de uma língua única»).

A fronteira entre a racionalidade e a irracionalidade também deve ser discutida, quando mais não seja porque existe uma comunicação constante entre os dois hemisférios cerebrais, através de mais de 200 milhões de fibras nervosas que formam o corpo caloso. No sexto capítulo («Isto não é um cérebro»), o ponto de partida é uma célebre pintura de Magritte, a reprodução hiper-realista de um cachimbo, com uma legenda aparentemente enganadora: «Ceci n'est pas une pipe». Todavia, refletindo bem, a legenda constata um facto: com o cachimbo de Magritte não conseguimos fumar. A imagem visual, tal como um enunciado linguístico, não se identifica com a realidade, é um desafio para interpretar à luz da razão o sentido de uma mensagem aparentemente absurdo, mas que representa um «pensamento racional em fermento».

O sétimo capítulo («Olhar, ver, falar») é o mais amplo do livro e recupera um dos pressupostos centrais do ensaio que é também, como se refere na abertura, um tema recorrente do autor. Vê-se «com o corpo todo»: até o prazer estético que uma obra de arte pode oferecer nasce de um mecanismo biológico «que tem a sua base no desenvolvimento de mediadores químicos», mas que depende do estado biofísico do sujeito. Quem está de mau humor ou sofre de alguma perturbação fica apático perante o quadro ou a escultura de que mais gosta, porque «o verdadeiro prazer é intelectual, ou seja, cortical».

Não são muitos os livros cujo autor é um cientista que quer e sabe dirigir-se a leitores leigos na matéria: a escassa formação científica dos Italianos (com tudo o que isso implica, inclusivamente a ausência de um filtro para as patranhas mais persistentes, ou, como se diz agora, mais pudicamente, um filtro para as *fake news*) também depende disto. E o facto de Lamberto Maffei ter escrito um livro assumindo esta posição é um mérito civil a acrescentar aos seus méritos mais propriamente intelectuais.

LUCA SERIANNI

INTRODUÇÃO

Não conheço nada no mundo com tanto poder como a palavra. Por vezes, escrevo uma e fico a olhar para ela até a ver resplandecer.

EMILY DICKINSON

A palavra que salva

Em *As Mil e Uma Noites*, narra-se a história de um sultão que se enfureceu com a esposa porque esta, mulher desejosa de experiências que não se podem mencionar, aproveitou a ausência dele para, com as amigas, o trair com grande prazer. Ele, também por causa da vergonha de eventuais protuberâncias frontais, sentiu ódio pela mulher e congeminou um castigo adequado mandando logo decapitá-la. O sultão começou também a odiar todas as mulheres e, seguindo critérios de justiça muito próprios, ordenou que todas as noites lhe trouxessem uma virgem: deitava-se com ela, desflorava-a e, depois, na manhã seguinte, mandava decapitá-la.

A história continuou durante muitos anos, para satisfação do sultão, mas não das suas concubinas noturnas, até que Xerazade, jovem de rara beleza e inteligência, se ofereceu como vítima com um plano corajoso para interromper a matança das virgens.

Deitou-se com o rei mas, depois, com um estratagema, começou a contar-lhe uma história que interrompeu ao amanhecer, antes da prevista decapitação. A história era de tal forma interessante e cativante, que o rei, para saber o fim, adiou a decapitação para o dia seguinte. E assim continuou durante anos... até que nasceu um amor verdadeiro e, de seguida, o casamento.

Conta-se que na primeira noite, depois de consumado o casamento, Xerazade iniciou a sua narração da seguinte maneira:

> Conta-se, ó bem-aventurado e sábio rei, que havia um mercador, muito próspero e dono de uma imensa fortuna. Tinha muitos escravos e criados ao seu serviço [...] Um dia, tendo resolvido visitar um desses países, muniu-se de um alforge com pão, tâmaras e outras provisões, montou no seu cavalo e fez-se ao caminho.»*

Xerazade representa o triunfo da astúcia de uma mulher que, com as armas subtis da inteligência e do

* Edição portuguesa: *As 1001 Noites*, vol. 1, trad. de Hugo Maia, E-primatur, 2017, pág. 83. (*N. da E.*)

fascínio da palavra, consegue exercer o seu domínio sobre o homem, salvando-se a si própria e a todas as virgens do país. Xerazade não vence com as armas do fascínio do corpo ou com a doçura de um abraço, mas com a palavra, com a narração, com histórias, com fábulas que a necessidade a faz inventar habilmente todas as noites.

Num mundo dominado pelos homens — nessa época mais do que hoje —, a palavra vence a injustiça, vence os abusos do ditador, recorrendo não ao jogo animal dos sentidos, mas ao jogo da razão. E a mulher sai vitoriosa.

É o fascínio da narração, e todos nós sabemos que a leitura de um livro é importante, estimulante e libertadora da realidade do dia a dia, tornando-o num amigo que sugere pensamentos e ideias. Na minha perspetiva, a leitura de um livro é uma conversação: o leitor acaba por conversar com as personagens, de modo que, quando estamos com um bom livro, deixamos de nos sentir sozinhos.

Recorri ao exemplo de *As Mil e Uma Noites* para ensaiar uma calorosa defesa da palavra, da linguagem da palavra, na convicção de que o homem — a sua unicidade e a sua socialidade — se exprime por uma série de palavras que a razão enfia no colar da história. Cada homem é a sua narrativa, nem que seja aquela que ele narra a si mesmo, um grão de poeira da história.

A ocupação das mãos e a tribo das pessoas de cabeça baixa

O homem gosta de ter as mãos ocupadas; em tempos passados, o cigarro dominava este hábito, e as pontas amarelecidas do indicador e do polegar da mão direita eram prova disso; eu, por exemplo, trazia sempre nos lábios um cachimbo, mesmo que apagado, que segurava com a mão direita. O hábito de fumar, felizmente, diminuiu muito graças ao medo de eventuais patologias a ele associadas; todavia, nasceu uma nova ocupação para as mãos: o vazio deixado pelo cigarro é hoje ocupado pelo *smartphone*, que, no entanto, além das mãos, também ocupa o cérebro, favorecendo a leitura, a escrita e o envio de mensagens, tweets, vídeos, publicações no Facebook, jogos e por aí adiante. No nosso tempo, não ter telemóvel é mais uma excentricidade requintada, um desejo de se mostrar diferente dos outros, uma espécie de tatuagem intelectual dirigida contra a moda dominante do que a busca de uma cultura diferente, ou, ao invés, e, na maior parte dos casos, sinal de que se ficou para trás na corrida ao progresso, infantilizado pela velhice.

Ocupar as mãos, apelar ao trabalho do sistema motor também na sua componente cerebral, é porventura uma tentativa de evasão; ler e escrever no telemóvel é um exercício predominantemente motor, e é experiência comum que quando os músculos estão muito atarefados se torna mais difícil pensar. Ao darmos um passeio pode, ainda, acontecer que façamos uma reflexão interessante, mas torna-se mais improvável se começarmos a correr. Tendo a concluir que, nos nossos dias, a atividade de pensar e de raciocinar já não é um entretenimento agradável. Recorrendo à linguagem da política, poderia dizer-se que o poder dos neurónios do pensamento se tornou uma minoria, substituído pelos neurónios do movimento. Sinto que pertenço a uma minoria, mas sou contrário à ditadura dos neurónios motores.

Enquanto escrevo, no entanto, sinto-me incomodado, porque o meu *smartphone* toca anunciando que tenho mensagens, e o hábito, que se tornou automático, sugere-me que pegue nele, leia e responda. Ainda que com dificuldade, desta vez contenho-me para não ser hipócrita e ser obrigado a confessar que eu também participo no uso dos neurónios motores que se ocupam das mensagens digitais. A moda, a homologação do comportamento, estar *à la page*, tornar-se robótico são pensamentos que, infelizmente, apenas me ofendem de forma transitória, uma vez que os reforços mediáticos do consumismo conseguem quase sempre prevalecer. Também as minorias para sobreviverem — eventualmente protestando — tendem a entrar no cortejo do vencedor.

A propósito dos incansáveis «smartphonistas», li algures uma frase que os chineses inventaram para designar os utentes destes aparelhos. A frase descreve-os de forma perfeita e divertida: *dī tóu zú* (低頭族), que significa «a tribo das pessoas de cabeça baixa», por inclinarem a cabeça na direção do aparelho. Esta tribo também pode ser perigosa, pois os seus membros, muitos deles jovens e vigorosos, caminham pelas ruas de cabeça enfiada nos pequenos ecrãs e, se o leitor não tiver cuidado, podem atropelá-lo, com consequências pouco agradáveis.

Alguns idosos, ultrapassados no que toca ao progresso tecnológico, têm, por vezes, a ideia (que têm o cuidado de não exteriorizar) de que a tribo dos *dī tóu zú* é composta por pessoas que sofrem de algum problema comportamental. Como a tribo evita conversas e leitura de livros e tende a isolar-se para comunicar unicamente através do instrumento digital, há quem diagnostique os seus membros como se sofressem de perturbações de tipo autista, que remete para a síndrome de Asperger, enquanto outros, observando as fases de excitação que acompanham a comunicação digital, diagnosticam patologias totalmente diferentes, a serem tratadas com ansiolíticos.

Note-se que os utilizadores de *smartphone* só raramente usam o aparelho para «falar» com os amigos, com os quais preferem comunicar através de mensagens breves, amiúde com imagens ou outras coisas engraçadas. Talvez a tradicional conversa por palavras, inclusivamente ao telefone, seja mais difícil e exigente e, por vezes, mais perigosa, já que no fluxo frequentemente descontrolado da oralidade podem escapar palavras comprometedoras capazes de suscitar desconfiança e ressentimento no interlocutor. Por seu lado, a mensagem digital pode ser lida e corrigida, pode ser esterilizada de sinais redundantes ou, até, comprometedores. Também nas conversas entre membros da tribo e, inclusivamente, nas conversas sentimentais, os utilizadores de *smartphone* preferem palavras digitadas às palavras pronunciadas. Em vez de dizerem «Amo-te» ou «Não quero mais nada contigo», ou «Passamos o fim de semana juntos?», acham que é melhor passar tudo pelo crivo do minimalismo comunicativo. A digitação da linguagem dos sentimentos, reduzida a poucos sinais essenciais, conduz a excessos paradoxais: estatísticas recentes (a que voltaremos mais adiante) mostram que uma significativa percentagem de pessoas seria capaz de considerar uma relação sexual com um robô, naturalmente fabricado de modo adaptado e com um *software* de tipo erótico.

Neste ensaio proponho analisar a era digital para admirar as suas invenções e as indubitáveis vantagens que oferece à vida do cidadão, sem, contudo, ignorar os seus efeitos secundários sobre o comportamento, especialmente o dos jovens (mas também dos idosos), e sublinhar as possíveis ocorrências patológicas que podem ser sua consequência. Em particular, quero analisar e refletir sobre a atitude de fuga em relação à palavra e à conversação, que muitas estatísticas revelam ser maciça entre os jovens e não só. Questiono-me naturalmente sobre o que acontecerá quando os jovens utilizadores de *smartphones* forem progenitores e deixar de haver o *buffer*[1], a modulação mitigada das gerações. Que modificações poderão vir a ocorrer nos centros da linguagem falada do hemisfério esquerdo do cérebro?

Nesta zona do cérebro — que nos destros alberga os centros de receção e produção da palavra —, vai desenvolver-se um centro para a comunicação digital ou esta é, na realidade, apenas um subconjunto da linguagem no sentido tradicional? Em suma, no cérebro vão ocorrer mudanças estruturais ou funcionais? A observação parece revelar que já estão a acontecer mudanças funcionais (defendo que uma mudança funcional tem sempre na sua base uma modificação transitória, ou não, da estrutura, neste caso do cérebro) e vai ser interessante saber se tudo isto é uma vantagem ou um efeito secundário desagradável.

---

[1] O termo inglês *buffer*, muito utilizado na química, pode ser traduzido em português como «tampão» ou «amortecedor».

I

A LINGUAGEM DA PALAVRA

A relação entre pensamento e palavra é um processo vivo de nascimento do pensamento na palavra.

LEV VYGOTSKY

O nascimento da linguagem

No contexto do tempo da evolução humana, o nascimento da linguagem[2] falada é bastante recente.

---

[2] Quero esclarecer que o termo «linguagem», largamente usado também nos tratados de fisiologia do sistema nervoso em que se descrevem os centros da linguagem, etc., é totalmente impreciso, porque a linguagem dos sinais também é linguagem ou a das aves (para dar apenas alguns exemplos entre muitos) e indica um sistema de comunicação. No caso do homem seria melhor falar de centros da palavra, porque a palavra é específica e própria da espécie humana. Deveria dizer-se corretamente

Contudo, não se consegue precisar o momento ao certo, do ponto de vista histórico, porque com toda a probabilidade teve um desenvolvimento gradual ao longo do tempo e no espaço. Presume-se que, no que diz respeito à linguagem articulada, dotada de gramática e sintaxe, o nascimento se situe por volta de 50 000–60 000 anos a esta parte.

Dante, num famoso terceto do Canto XXVI do *Paraíso*, coloca na boca de Adão as seguintes palavras:

> Obra natural é que o homem fale;
> Mas o modo de falar, a natureza deixa
> fazer conforme vos aprouver.

Todavia, a preparação da linguagem — no sentido do desenvolvimento dos mecanismos nervosos que estão na sua base — é mais antiga e é provavelmente fruto da paciência do processo evolutivo, que utilizou estruturas e funções de centros cerebrais e de outros órgãos (por exemplo, órgãos para a fonação e a receção acústica) presentes também noutras espécies, adaptando-os para a linguagem.

Muitos estudiosos consideram que no início surgiu uma língua primitiva e que a passagem de uma protolíngua para a linguagem da palavra como comunicação

---

«linguagem da palavra» e «centros da linguagem da palavra». Neste livro, o termo «linguagem» aparece com frequência e deve ser entendido na sua aceção de linguagem da palavra.

possa ter-se verificado mediante uma mutação do gene FOXP2. As provas sugerem que esta mudança ocorreu num local indeterminado da África Oriental há cerca de 100 000 a 50 000 anos, e que o acontecimento trouxe mudanças significativas que podem ser identificadas nos restos fósseis.

Há muitos estudos de antropólogos biológicos e de psicólogos evolucionistas que evidenciam as mudanças de morfologia de determinadas regiões do crânio em relação ao desenvolvimento das regiões corticais do hemisfério esquerdo do cérebro, onde se situam, nos destros, os centros da linguagem (da palavra).

Entre os muitos estudos, citarei as investigações do antropólogo sul-africano Phillip Tobias, que encontrou

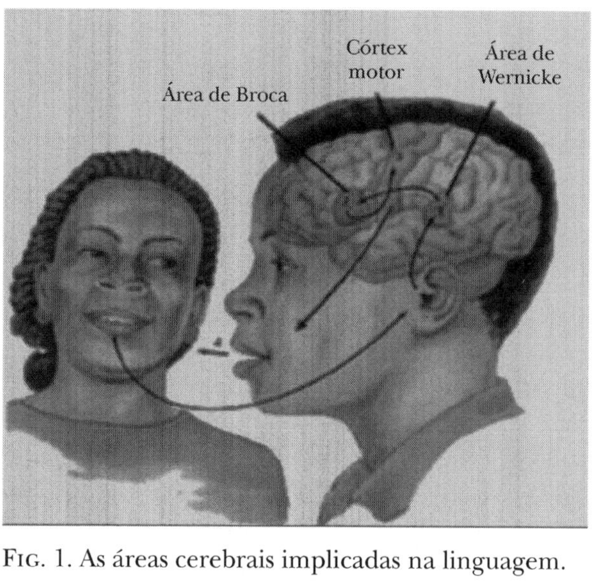

Fig. 1. As áreas cerebrais implicadas na linguagem.

no crânio do *Homo habilis* (que remonta a cerca de três milhões de anos) sinais de um maior desenvolvimento da parte do cérebro correspondente às zonas que hoje sabemos com certeza que são os centros da linguagem; estes situam-se unicamente no hemisfério esquerdo.

Distinguem-se duas áreas principais: a área de Wernicke, situada no lobo temporal esquerdo e próxima do córtex auditivo (Fig. n.º 1), com funções sobretudo de receção e análise das palavras e cuja lesão provoca afasia sensorial ou auditiva; a outra área, de Broca, situada na base da terceira circunvolução do hemisfério esquerdo e cuja alteração provoca afasia motora, ou seja, perturbação da articulação da linguagem[3]. Esta segunda área deve o seu nome a Pierre Broca, cirurgião e antropólogo da Salpêtrière de Paris, que graças à análise autóptica de pacientes com perturbação da linguagem localizou lesões patológicas no lobo frontal esquerdo, na zona que, atualmente, tem o seu nome (Fig. n.º 2). É famosa a frase com que ele, em 1861, sintetizou as suas pesquisas:

---

[3] A afasia (do grego ἀφασία, mutismo) é a perda da capacidade de compreender ou compor a linguagem, devido a lesões nas áreas do cérebro dedicadas à sua elaboração. Na dislexia existe frequentemente um desenvolvimento alterado dos circuitos da linguagem. Daqui resulta também que o *planum* temporal não é maior à esquerda como no indivíduo normal. Nota-se igualmente que os disléxicos têm com frequência atividades visuais-espaciais muito elevadas, ligadas a elevada criatividade (Leonardo da Vinci, Einstein...).

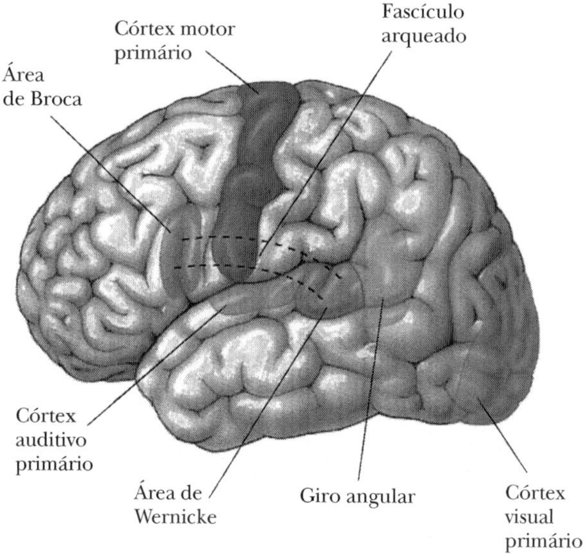

Fig. 2. A área de Broca, a área de Wernicke e o fascículo arqueado: as linhas que ligam o centro de Wernicke ao centro de Broca representam os 20 milhões de fibras nervosas que formam o fascículo arqueado.

«Nous parlons avec l'hémisphère gauche» (Nós falamos com o hemisfério esquerdo). O centro recetor e o centro motor estão ligados por um feixe grosso de fibras, o fascículo arqueado, que leva as informações recebidas, as palavras, até à atenção do centro motor para eventuais reações de resposta (Fig. n.º 2).

O cérebro dos primeiros hominídeos — por exemplo, da Lucy, a australopiteco que remonta a mais de três milhões de anos — pesava cerca de 500 gramas, muito menos do que o cérebro do *Homo sapiens*, que pesa em média 1400 gramas. O peso do cérebro, inclusivamente de homens ilustres, pode variar entre cerca de 1100 gramas e 2000 gramas, sem mostrar correlações evidentes com as capacidades intelectuais.

É provável que estes antepassados antigos comunicassem principalmente por gestos e, portanto, tal como acontece com o *Homo sapiens*, para a receção recorriam ao sistema visual.

A linguagem pressupõe um tempo muito mais demorado do que o implicado nas mensagens visuais, tanto da parte do emissor, para preparar e organizar a mensagem, como da parte do recetor, para a receber e decifrar.

Nasce, assim, um processo cerebral para pensar, refletir, raciocinar antes de passar à ação; numa palavra, nasce, como escrevi noutro livro[4], «a lentidão», que é simultaneamente privilégio e castigo da condição humana. Pergunto a mim mesmo o que poderia implicar o eventual regresso a uma comunicação mais viva, rápida e menos verbal. Talvez implicasse sermos mais «animais», mas se calhar termos também menos guerras, menos cimento, menos repressões e, eventualmente, o desaparecimento dos psiquiatras e dos psicoterapeutas.

Só recentemente, portanto, no decurso da hominização, é que o hemisfério esquerdo se especializou na

---

[4] L. Maffei, *Elogio della lentezza*, Bolonha, Il Mulino, 2014. [Edição portuguesa: *Elogio da Lentidão*, Lisboa, Edições 70, 2018.]

linguagem, cuja produção e receção são, por natureza, processos lentos. Tanto assim é que, no livro já referido, designei este hemisfério como «hemisfério do tempo», referindo-me ao tempo que é necessário para que as várias componentes de uma frase se tornem numa mensagem de significado completo[5]. A linguagem está na origem do aparecimento da racionalidade, graças à qual tentamos relacionar os factos com as suas causas e produzir generalizações úteis, em vez de ativarmos reações velozes e imediatas. Ouso dizer paradoxalmente que a mudança da modalidade de comunicação, que se dá com o advento da linguagem da palavra, representa uma verdadeira rutura da evolução que, na natureza, atua segundo as leis férreas da sobrevivência; penso também que o aparecimento da linguagem deu lugar às modificações do comportamento humano que produziram aquilo a que chamamos civilização, uma construção a que ouso chamar inatural, uma vez que está fora das leis da sobrevivência. Sem a comunicação verbal, a espécie humana teria continuado a sobreviver como todas as outras espécies. A biologia é dominada por duas leis fundamentais de que é impossível fugir: a lei da sobrevivência do indivíduo (isto é, a busca de alimento) e a lei da sobrevivência da espécie (isto é, o sexo).

O resto, ou seja, a civilização, a ciência e, também, a poesia são jogos maravilhosos com que os homens

---

[5] *Ibidem.*

iludem a sua oposição à biologia, e que têm a função de evitar o tédio ou, por vezes, o sofrimento do caminho da vida. No fundo, o ofício do ser pensante tem o seu lado negativo, já que nos faz questionar sobre um percurso que, sabemos, tem um fim inexorável. É um dos casos em que o saber não é propriamente agradável e requer uma boa dose de paciência ou de falsas ideologias para o engolirmos sem que nos doa o estômago ou, melhor dizendo, sem revolta — que, de resto, não faria sentido — nem meios para a pormos em prática. O *Homo sapiens*, como último dos seres vivos, deve obedecer às leis da biologia e é por isso que busca refúgio na religião, com a esperança de ser diferente e de ter uma alma imortal.

Talvez no caminho da vida fosse necessário sermos como simples animais, sem a bagagem pesada do saber do passageiro humano, que provoca complicações biologicamente inúteis, como o desejo de conhecer a topografia da estrada e o desejo de a mudar a seu gosto.

Os hemisférios cerebrais

Para compreender a importância da linguagem como revolução nos processos de reação do homem ao ambiente e, em substância, do nascimento do pensamento, é necessário especificar as propriedades dos dois hemisférios cerebrais com referência às suas peculiaridades, à luz das experiências que demonstraram as suas características fundamentais.

Alguns resultados importantes foram obtidos mediante a intervenção cirúrgica que dá pelo nome de *hemisferectomia.*

Este tipo de intervenção cirúrgica só é efetuado em casos de extrema necessidade, sobretudo no adulto, ou seja, em casos de epilepsia espalhada por grande parte do cérebro, de tumores ou na síndrome de Rasmussen[6].

É agora uma descoberta bem demonstrada que, nas crianças de idade inferior aos 4 anos, a hemisferectomia, tanto à direita como à esquerda, não causa sintomas traumáticos no que respeita à palavra. Na hemisferectomia à esquerda, os centros da linguagem asseguram um lugar no hemisfério direito em partes correspondentes às localizações do hemisfério esquerdo. Em crianças mais velhas, os sintomas variam de caso para caso e só se manifestam com maior gravidade na hemisferectomia à esquerda.

A hemisferectomia no adulto é bastante mais complexa e traumática quanto aos resultados. Na hemisferectomia à direita, os sintomas cognitivos são bastante ligeiros e este tipo de intervenção, quando necessário,

---

[6] A síndrome de Rasmussen é uma doença inflamatória neurológica rara, caracterizada por crises epiléticas frequentes e graves, perda das capacidades motoras e da linguagem, hemiparesia, encefalite (inflamação do cérebro) e demência.

obtém de um modo geral bons resultados. Na hemisferectomia à esquerda, se este hemisfério — o da linguagem[7] — for dominante, os sintomas cognitivos podem ser numerosos e a operação é executada apenas se for extremamente necessária, limitando-se, se possível, apenas a uma remoção parcial.

Na normalidade, estas diferenças funcionais dos dois hemisférios não produzem efeitos percetíveis, também porque estão ligados por 200 milhões de fibras — reunidos no chamado corpo caloso — que em poucos milésimos de segundo transferem a informação de um hemisfério para o outro. A interrupção destas fibras é, por vezes, feita mediante recurso a cirurgia para evitar a difusão de descargas elétricas perigosas entre os hemisférios.

O estudo destes pacientes com cérebro dividido (*split brain*) deu a conhecer propriedades de importância fundamental do cérebro humano; em particular, as tarefas funcionais e as características estruturais específicas dos dois hemisférios.

---

[7] O filósofo Karl Popper e o neurofisiologista John Eccles (Prémio Nobel em 1963) concluíram, na obra *O Eu e Seu Cérebro* (1977), que o hemisfério esquerdo dominante é o hemisfério onde se desenrolam os processos racionais mais desenvolvidos, enquanto o hemisfério direito desempenha, a este respeito, uma função menor. Os resultados de Gazzaniga (cf. mais adiante), obtidos a partir de experiências de psicofisiologia, também chegam a conclusões semelhantes.

Bogen, Sperry, Gazzaniga

Apraz-me começar esta história fascinante com uma referência às personagens que foram as suas protagonistas.

Boston, 1984. Estou no MIT para uma série de conferências; leio no painel o anúncio de um seminário, às 17h, que será antecedido de uma pequena festa, como é hábito; o conferencista é o professor Joseph Bogen. Procuro na minha memória e recordo que Bogen é um neurocirurgião famoso, também por ter colaborado com Roger Sperry (Prémio Nobel em 1981) sobre as diferentes propriedades cognitivas dos dois hemisférios cerebrais.

O professor Bogen, a partir de 1962, especializou-se na separação dos hemisférios mediante secção do corpo caloso. Esta estrutura, como dissemos, é composta por 200 milhões de fibras e é a principal conexão entre os hemisférios cerebrais. A operação é feita para atenuar os ataques de epilepsia que normalmente têm o seu foco num hemisfério, mas que, através do corpo caloso, podem espalhar-se para o outro.

Operações deste género já tinham sido feitas anteriormente com os mesmos objetivos terapêuticos, mas nunca tinha sido estudado o comportamento cognitivo dos pacientes na sequência da intervenção. A hipótese fascinante, inclusivamente do ponto de vista filosófico, era a possibilidade de explorar a existência de dois cérebros, direito e esquerdo, com tarefas diferentes.

O professor Bogen e o professor Sperry decidiram colaborar neste âmbito e os seus resultados revelaram-se revolucionários.

O professor Sperry confiou a responsabilidade desta experiência a um jovem que era seu pós-doutorando chamado Michael Gazzaniga.

O meu interesse era também suscitado pelo facto de ter conhecido Mike em Pisa, no laboratório do professor Giuseppe Moruzzi. Tinha-o encontrado depois, novamente, e frequentado, na Universidade californiana de Davis, onde ele fundou e dirigia o centro de neurociências cognitivas. Mike Gazzaniga é uma grande personagem, até fisicamente (com quase dois metros de altura), tem um carácter irrequieto mas cordial, sendo também muito simpático.

A tarefa confiada a Gazzaniga foi a de examinar separadamente as funções dos dois hemisférios nos pacientes com o cérebro dividido, para indagar se existiam duas consciências separadas, dois homens separados num homem só. Resultou que a hipótese era, em parte, correta e hoje sabemos que os dois hemisférios, como já referido, têm funções muito diferentes.

Depois da morte de Sperry, em 1984, Gazzaniga prosseguiu com as experiências nos pacientes *split brain*, alcançando grande êxito ao procurar analisar os dois hemisférios separadamente.

Entre as muitas experiências de análise separada dos dois hemisférios refiro algumas que são significativas.

Se aos pacientes com o cérebro dividido se apresentarem imagens no campo visual da esquerda de modo que, por causa do cruzamento das vias óticas, sejam analisadas pelo hemisfério direito, os sujeitos afirmam que não estão a percecionar nada; o hemisfério direito é mudo, todavia, conseguem indicar com a mão esquerda, que está sob o controlo do lobo direito, que recebeu a informação, a imagem correta apresentada numa série de fotografias. É particularmente pertinente, para perceber a função do hemisfério esquerdo, uma série de observações experimentais a partir das quais se deduz que o hemisfério da linguagem anda sempre à procura de uma explicação linguística dos acontecimentos, inclusivamente na ausência de uma necessidade lógica[8].

Num ecrã apareciam — por breves momentos, de modo a evitar os movimentos dos olhos que podiam deslocar a imagem para a retina — a palavra «sorriso», numa posição que permitia ser analisada pelo hemisfério direito de um paciente, e a palavra «cara», numa posição que permitia ser analisada pelo hemisfério esquerdo. De seguida, o investigador perguntava: «Depois da palavra "sorriso" (à direita), o que viste?» O paciente, como é óbvio, respondia que não tinha visto nada, já que o cérebro direito é mudo, pois não tem os centros da linguagem. Para o cérebro

---

[8] M. Gazzaniga, *L'interprete. Come il cervello decodifica il mondo*, Roma, Di Renzo Editore, 2011.

esquerdo, a resposta normal era a de que tinha visto a palavra «cara». O investigador, de seguida, pedia que este último paciente desenhasse o que tinha visto. «A sua mão direita, que é controlada pelo hemisfério esquerdo (devido ao cruzamento das vias motoras)», escreve Gazzaniga, «desenhava uma cara sorridente, e à pergunta "Porque é que a desenhaste assim?" o paciente respondia: "O que quer? Uma cara triste? Quem é que gosta de caras tristes?"».

O cérebro esquerdo, concluiu o cientista, procura dar explicações racionais sobre o mundo, procura interpretá-lo. O papel de intérprete do cérebro esquerdo, diz Gazzaniga, é aquele que todos usamos para tentar explicar a nós próprios aquilo que acontece, para filtrar o assalto das informações recebidas e construir narrações que nos ajudam a dar sentido ao mundo. O autor designa esta teoria como *teoria do intérprete*.

Noutra experiência particular — mas fácil de explicar — e convincente, é mostrada ao cérebro direito de um paciente homem a imagem de uma mulher nua. A pergunta era sobre o que via. A resposta, estando separado o cérebro esquerdo, sede dos centros da linguagem, foi obviamente: «Não vejo nada.» Porém, o paciente ficou irrequieto e corou. Questionado sobre o que se estava a passar com ele, o paciente respondeu: «Hoje está calor. Porque não ligam o ar condicionado?» Naturalmente, a visão do nu feminino tinha provocado uma resposta vegetativa, hormonal, por meio das vias fisiológicas ligadas ao cérebro direito.

Outra observação que indica que a linguagem da palavra assumiu uma posição no desenvolvimento cerebral do homem para o caracterizar como animal especial é aquela segundo a qual, se em idade infantil, até aos três, quatro anos — isto é, numa idade de elevada plasticidade do sistema nervoso —, uma lesão traumática ou circulatória danificar as áreas da linguagem no hemisfério esquerdo, as funções linguísticas transferem-se para as partes simétricas correspondentes do hemisfério direito, como se não se pudesse perder esta característica fundamental do cérebro que é propriedade essencial do *Homo sapiens*.

A verdadeira revolução evolutiva no lobo esquerdo não é apenas a linguagem, mas os processos nervosos que estão na sua base, capazes de gerar cadeias de acontecimentos, as palavras, ligados pela lógica de maneira tal, que só assumem significado quando são organizados numa determinada sequência. As cadeias de acontecimentos ligados entre si por regras na sua evolução temporal são a base do raciocínio e contrastam com a comunicação visual, em que os acontecimentos nervosos ocorrem não em série, mas em paralelo, já que são transmitidos e recebidos simultaneamente, todos juntos. Pode dizer-se que a informação visual, ao contrário da informação linguística, é atemporal. Estas minhas reflexões sobre a linguagem como cadeia de acontecimentos ligados pela razão não são, na realidade, originais, uma vez que já Charles Darwin escreveu sapientemente a propósito:

> Não é apenas a capacidade de falar aquilo que distingue o homem dos outros animais, porque, como todos sabem, os papagaios também conseguem falar; mas é a sua grande faculdade de conseguir unir sons definidos com ideias definidas, e isto depende, como é óbvio, do desenvolvimento das faculdades mentais.[9]

E Virginia Woolf, na única gravação com a sua voz que existe, proclamou que «as palavras pertencem umas às outras».

Por correção, parece-me obrigatório acrescentar uma nota a respeito da afirmação que diz que a linguagem é uma cadeia de palavras ligadas pela razão, uma vez que esta parece não se verificar, sobretudo em tempos recentes, na linguagem dos políticos, cujas palavras são, amiúde, simples sons, eventualmente brilhantes e sonoros, ligados pela estratégia da demagogia e da manipulação.

Pensamento e linguagem

Tenho na minha biblioteca, a que chamo «VIB» (*very important books*), um livro muito famoso de Lev. S. Vygotsky (1896–1934), tão profundo quanto fascinante,

---

[9] C. Darwin, *L'origine dell'uomo e la scelta in rapporto col sesso* (1871), Turim, UTET, 1914.

intitulado *Pensamento e Linguagem*[10] na tradução de Luciano Mecacci, que felizmente mo deu a conhecer e me ofereceu um exemplar há muitos anos.

A dissertação deste autor russo desenrola-se segundo uma lógica rigorosa e abre uma janela luminosa sobre o tema da relação entre o pensamento e a linguagem e sobre a ideia de que ambos nascem ao mesmo tempo e estão ligados entre si como gémeos monozigóticos: dois seres oriundos da mesma entidade inicial, que eu interpreto como o nascimento do *Homo sapiens* e o desenvolvimento, no hemisfério esquerdo do seu cérebro, dos centros da linguagem. É difícil sintetizar o pensamento de Vygostky sem correr o perigo de o trair; tentarei, portanto, fazê-lo citando as suas palavras e, em particular, algumas frases que parecem esclarecedoras.

Escreve Vygotsky: «O pensamento dá significado à palavra, que sem significado seria um som vazio.» E para esclarecer a sua interpretação da relação entre pensamento e palavra, recorre a uma metáfora bonita e profunda: «O pensamento pode comparar-se a uma nuvem derramando uma chuva de palavras.» A relação entre pensamento e linguagem é naturalmente uma relação dinâmica, em que as palavras exprimem o pensamento mas a ele regressam, como acontece na experiência de cada um de nós, modulando-o e modificando-o.

Todavia, o pensamento, segundo Vygotsky, é um *primum*, um começo, não se forma a partir das palavras,

---

[10] L. S. Vigotski, *Pensiero e linguaggio*, Roma-Bari, Laterza, 1990.

não nasce das palavras: «O pensamento é um todo único, não se forma progressivamente com as palavras.» Ele cita o caso em que um orador pode falar durante horas com palavras diferentes sobre o mesmo tema, como se o seu pensamento fosse um quadro exposto num museu que um guia procura explicar verbalmente aos visitantes: o quadro é a nuvem — para retomar a metáfora do autor — e as palavras do guia, a visão e observação do quadro transformadas em palavras, são a chuva.

Vygostky escreve ainda: «A relação entre pensamento e palavra é um processo vivo de nascimento do pensamento na palavra.» A palavra sem o pensamento é uma palavra morta e o pensamento que não se encarna na palavra é nevoeiro, uma sombra.

A palavra, através do seu significado, é uma mediação, uma tradutora do pensamento.

O conceito de Vygostky de que o pensamento é um todo inicial, um *primum movens*, é confirmado pela neurofisiologia moderna, que coloca no hemisfério esquerdo (nos destros) o pensamento racional e a linguagem.

Os mecanismos nervosos que estão na base do pensamento racional representam o todo inicial, o *primum movens*, e as palavras que se geram no centro de Broca representam a sua epifania verbal.

Uma afasia do centro de Broca, isto é, uma patologia que altera o seu funcionamento, gera encadeamentos de palavras sem sentido, palavras mortas, para utilizar a linguagem de Vygotsky.

II

A CAMINHO DE UMA LÍNGUA ÚNICA

A destruição da linguagem é a premissa de toda e qualquer destruição futura.

Tullio De Mauro

A Torre de Babel

Mais de dois mil milhões de pessoas falam inglês e a difusão desta língua está em rápido crescimento. Existe a possibilidade de um regresso a uma língua ancestral como antes da construção da Torre de Babel, quando a intervenção de Deus para punir a imprudente tentativa humana de se aproximar do céu por meio da torre confundiu as línguas, de modo que um povo deixasse de compreender a língua do outro (Gn 11, 1–9).

De certa forma, pode dizer-se que o Deus bíblico, darwiniano *ante litteram*, promoveu a diversificação das línguas na sequência da expansão da espécie humana do lugar de origem para outras partes do mundo.

Para complementar a narração bíblica, atualmente pensa-se que fatores importantes para a proliferação das línguas foram provavelmente as migrações e a transformação das condições ambientais e climáticas. Em geral, observa-se que as línguas, tal como as características somáticas, tendem a diferenciar-se mais umas das outras consoante a distância, maior ou menor, entre os povos que as utilizam.

No mundo moderno, a globalização e a expansão das trocas comerciais, quais novas torres de Babel, parecem impelir os homens para o passado e a voltarem a adotar uma língua única, que facilite e acelere a comunicação entre povos diferentes, ainda que distantes geográfica e linguisticamente.

Este processo, positivo nas intenções e necessário do ponto de vista prático, não deixa de ter, porém, algumas insídias, principalmente por dois motivos. O primeiro é o risco de que a língua única seja imposta por um determinado povo por razões relacionadas com o seu poder económico, político e militar (o que equivaleria, praticamente, a uma invasão!); o segundo é o perigo do desaparecimento ou do empobrecimento das várias línguas e das culturas que as acompanharam e que estão na base das civilizações que floresceram nas diferentes partes do mundo.

Tal como a *espécie*, também a *língua* — uma língua nacional qualquer, como a italiana ou a francesa —

é uma entidade abstrata que muda no tempo e no espaço, no seu uso falado ou escrito e, até, de indivíduo para indivíduo. Esta variabilidade é irredutível e é suportada por trocas contínuas entre línguas diferentes; consequentemente, qualquer língua nacional é um poli-híbrido e, tal como acontece com a conhecida «exuberância dos híbridos» do mundo natural, é ativa a gerar novidades e a fazer aumentar a complexidade do discurso e do pensamento.

Os processos de mudança da cultura seguem percursos semelhantes aos da biologia, só que são muito mais rápidos. Na biologia como na cultura, na ciência como na filosofia, é da diversidade que nasce a dialética e, desta, a criatividade e o progresso. Com a mesma intenção dos bancos genéticos, que foram criados para conservar o património de variabilidade de espécies destinadas a desaparecer, também muitos documentos políticos, como a Carta Europeia das Línguas Regionais ou Minoritárias adotada pelo Conselho da Europa em 1992, tutelam a identidade linguística — além de religiosa — das minorias, ameaçada pelos mecanismos de exclusão ativados pelos Estados-nação, cuja superação é o princípio fundante da União Europeia[11].

No presente contexto, refiro-me em particular às línguas europeias, que mantiveram muitos dos tijolos da antiga Torre de Babel sob a forma de unidades de base do léxico (lexemas) e estruturas, conservadas

---

[11] L. Godard, *La libertà fragile*, Milão, Mondadori, 2012.

como vestígios da língua antiga que sinalizam a sua ascendência comum. A origem indo-europeia de pelo menos seis grupos de línguas afins (sânscrito, grego, latim, gótico, céltico e persa) foi reconhecida pela primeira vez em 1786 por William Jones num discurso à Sociedade Real Asiática, em Calcutá[12].

Durante o planeamento (quase *more militari*) da Torre de Babel moderna, a globalização — que torna útil, se não mesmo necessária, uma língua única —, houve propostas alternativas, embora com escasso êxito.

Esperanto

No passado, foram tidas em consideração propostas muito interessantes, como a possibilidade de fazer renascer o uso do latim, que até há dois séculos era a língua utilizada nas comunicações entre os eruditos europeus. Quero recordar também a proposta do *esperanto*, que me parece exemplificativa da invenção — ou melhor, construção — de uma língua comum[13].

Quando era estudante, sentia-me fascinado por esta língua artificial internacional. Em Luca, a minha cidade, nos anos 50 do século passado, havia aulas

---

[12] L. Cavalli-Sforza e F. Cavalli-Sforza, *Chi siamo. La storia della diversità umana*, Milão, Mondadori, 1993.

[13] Este tema também foi tratado no volume sobre a Europa da *Enciclopédia Treccani*.

de esperanto, da parte da tarde, no Liceu Clássico Maquiavel, que eram frequentadas por muitos alunos. A língua foi desenvolvida por alguns europeus, em particular por um médico polaco chamado Lejzer Zamenhof, entre os anos de 1870 e 1880. Atraía-me a ideia de uma língua artificial criada pelo homem para possibilitar a compreensão recíproca e que esta língua fosse de todos e não de um povo só: uma língua democrática. Pensava ingenuamente que isso iria favorecer a compreensão entre os povos, preservando ao mesmo tempo a riqueza e a história das várias línguas europeias. Seria mais um dom que não ia interferir na intimidade da nossa língua. Noutros contextos, o homem já criou linguagens universais, como a matemática, para a troca de informação científica, económica, etc., e a música, como mensagem de alegria emocional e intelectual para todos. O esperanto, construído a partir das raízes de muitas línguas, mas em particular do latim — e quase sem as exceções gramaticais, sintáticas ou de pronúncia presentes nas outras línguas —, parecia simples e fácil de aprender. A invenção de uma língua artificial apaixonava-me como conquista da razão.

Globish

Na Europa, as grandes línguas e a sua história, que fizeram a civilização do Ocidente e não só, estão a ceder à língua inglesa e enfrentam, parece-me, se não um estado de degradação, pelo menos um lento enfraquecimento, um declínio que acompanha o da grande civilização europeia. Tal implica vantagens indubitáveis, por exemplo, nas dissertações científicas, económicas e, talvez, políticas, para aqueles que têm o inglês como língua materna. No campo da ciência, as publicações são praticamente todas em inglês; nos concursos universitários, as publicações escritas numa língua diferente do inglês têm menor valor ou são descartáveis. As línguas europeias estão a empobrecer e até os apoiantes ferrenhos da própria língua, como os Franceses, estão a ceder à invasão do inglês.

Todavia, o inglês de que estamos a falar não é a língua da grande cultura inglesa, a língua de William Shakespeare, Oscar Wilde e Virginia Woolf, mas a língua dos colonizados (linguísticos) que a balbuciam e não exprimem a sua riqueza original; o inglês internacional é, sem dúvida, uma língua pobre, basta recordar que o *Oxford Dictionary* conta com 615 000 vocábulos, enquanto o inglês globalizado tem cerca de 1500. É falado por cerca de dois mil milhões de pessoas, está em rápido aumento e daqui a poucos anos será usado por todos aqueles que, de um modo ou de outro, são parte ativa do mundo globalizado. Vêm-me à memória as palavras de protesto revolucionário do padre Lorenzo Milani: «Enquanto houver uma pessoa que sabe 2000 palavras e outra que sabe 200, esta será oprimida pela primeira. A palavra torna-nos iguais.»

As línguas dos povos não são apenas um meio de comunicação, mas trazem consigo uma riqueza cultural de tradições, de história que implica um comportamento social, um conjunto de valores na interpretação do mundo, e substancialmente uma maneira racional e também emotiva de comportamento que caracteriza e distingue cada povo.

As línguas europeias, ainda que diferentes, partilhavam raízes comuns importantes, que eram as da «reverência» para com as culturas das línguas mortas — grego e latim —, cujo ensino era património e orgulho intelectual de qualquer pessoa culta. Neste grupo de pessoas havia mais Europa há dezenas de anos do que no tempo presente, precisamente devido ao empobrecimento das raízes comuns. O latim dominou a cultura europeia durante mais de 12 séculos e criou indubitáveis ligações de pensamento e de comportamento entre os diferentes povos, ainda que fossem particularmente relevantes entre as pessoas de cultura. Carlo Bernardini e Tullio De Mauro[14] fazem-nos recordar que, naquele período, não havia distinção, como hoje há, entre a cultura humanística e a cultura científica, uma vez que os grandes textos da cultura científica foram escritos por Descartes, Newton, Galilei e Leibniz em latim. Muitos como eu consideram que a distinção entre as duas culturas,

---

[14] C. Bernardini e T. De Mauro, *Contare e raccontare. Dialogo sulle due culture*, Roma-Bari, Laterza, 2003.

e ainda mais entre cultura e ciência (como se a ciência não fosse cultura), é uma aberração que carece de racionalidade.

A meu ver, o chamado inglês *globish*, passaporte utilíssimo, nos nossos dias, para a economia e para as relações internacionais, inclusivamente científicas, pode não ser um fator de integração cultural da Europa. Corremos o risco de nos unirmos por uma língua de mercado, própria de uma nação que escolheu inclusivamente deixar de fazer parte da União Europeia.

O esperanto talvez pertença à memória melancólica de anos que foram precisamente ricos de esperança e que parecem, agora, fora das dinâmicas do tempo presente, mas a perda das raízes culturais pode significar o progressivo anulamento da Europa que queríamos construir. Sermos invadidos militarmente é uma triste tragédia, mas sermos invadidos por uma língua também não traz alegria, mesmo que resulte de necessidades contingentes. O desejo é que o *globish* se torne num denominador linguístico iluminado, que não empobreça as outras línguas, mas que enriqueça acolhendo delas as palavras, expressões e formas de dizer.

Outros fatores ativos e poderosos de empobrecimento da língua — também neste caso se trata de uma verdadeira invasão — são os fatores ligados à comunicação digital, e que implicam todas as línguas, incluindo o inglês; o efeito de empobrecimento, qual verdadeira doença, é mais acentuado nos países mais frágeis por causas ligadas à economia como, por exemplo, um ensino que não responde adequadamente à grande necessidade de preparação das novas gerações. Mais adiante, tratarei amplamente das vantagens, mas também dos possíveis efeitos colaterais, não tanto da comunicação digital, mas do seu uso impróprio.

Resumindo, a situação das línguas maternas, com referência às línguas europeias, é a seguinte: os instrumentos de comunicação digital, com as suas indubitáveis vantagens — de resto, a ciência e a tecnologia são, irrefutavelmente, o futuro —, afastam-nos da riqueza humana da palavra; a língua internacional inglesa obriga muitos à pobreza do discurso. Os Europeus, tão justamente orgulhosos da sua cultura, da sua história, da sua civilização, têm mesmo a certeza de querer ir pelo caminho — diria quase pela autoestrada — de uma língua instrumental «robótica», utilíssima, mas fria e sem afeto?!

Tu vuo' fa l'americano... mas si' nato in Italy [Tu armas-te em americano... mas nasceste em Itália].

Gostaria de fechar este capítulo com um toque de ironia sobre o desejo de os Italianos se americanizarem, de subirem pela escada da civilização seguindo e imitando os Americanos. Começo pela observação de mim mesmo, cidadão cansado, após um dia de trabalho, que vê a televisão de entretenimento.

Corro os canais à procura de um filme interessante e, na realidade, reparo que todos eles oferecem muitos filmes. Avanço com curiosidade.

O primeiro é um velho filme americano, um *western* com Gary Cooper que já vi muitas vezes, outro canal apresenta outro filme americano com John Wayne e, depois, outro filme americano. Finalmente, deparo com um canal diferente que apresenta um programa de culinária. Mas de seguida, mais dois canais com filmes americanos. Cerca de 90% dos filmes vêm dos Estados Unidos da América. Fico um pouco desconcertado. Na verdade, é um facto comprovado, estes filmes dominam largamente os serões televisivos.

Pergunto-me por que razão passam tantos filmes americanos. Não pode ser por acaso. À procura de uma explicação, surgem-me várias hipóteses: talvez os filmes americanos sejam mais numerosos ou mais avançados tecnicamente ou talvez sejam os mais económicos de adquirir. Ou então — por vezes, pensando mal acabamos por acertar — trata-se de ir ao encontro de um público que deseja conhecer a vida e o comportamento dos primos ricos americanos para os imitar, para se ser colonizado por eles não apenas linguisticamente, como referimos antes, mas também culturalmente nas dinâmicas sociais.

Noto com preocupação que também em Itália emerge, com cada vez maior pressão, a reivindicação do direito ao uso e porte de arma para defesa pessoal. É fácil comprovar que o nosso grau de progressiva americanização aumenta de maneira evidente. A professora TV condiciona os desejos e os valores, e eu pergunto-me se ela atua conscientemente com motivações culturais ou políticas, ou outras ainda que não consigo entender.

Depois, de repente, desato a rir porque me surge uma explicação esclarecedora nas palavras cantadas de Renato Carosone:

> *Tu vuo' fa l'americano*
> *Mmericano! Mmericano!*
> *Ma si' nato in Italy.*
> [Tu armas-te em americano
> Americano! Americano!
> Mas nasceste em Itália.]

Pois bem, eu nasci em Itália, não pretendo americanizar-me e, inclusivamente, gosto muito de filmes italianos e europeus.

III

EDUCAR PARA A PALAVRA

Eu só acredito na palavra. A palavra fere, a palavra convence, a palavra apazigua. Para mim, é este o sentido de escrever.

ENNIO FLAIANO

O ciclone digital

A poderosa e fascinante instrumentação do mundo digital está em progresso contínuo e é de tal forma invasiva, sobretudo no mundo dos jovens, que ocupa os seus interesses e o seu tempo a ponto de os distrair da educação escolar tradicional. Isso levanta o problema das razões que causam esta situação ou, como diria um médico, a questão da etiologia, do diagnóstico e das possíveis prescrições terapêuticas.

Porque é que o jovem se sente tão atraído pelo seu *smartphone* ou por aparelhos semelhantes? A minha resposta é que o interesse de todos — e particularmente dos mais jovens — pelo mundo digital depende do facto de parecer um brinquedo, um brinquedo novo, divertido, fascinante, que representa o futuro e é visto como superior a um ensino talvez ultrapassado, no conteúdo e nos métodos, e considerado atrasado relativamente à velocidade e às necessidades dos tempos modernos, sobretudo em vista da inserção na sociedade e no mundo do trabalho.

A estratégia do mundo digital sabe impor tão bem o seu projeto, que faz qualquer tendência inovadora parecer ter sido gerada pela comunidade juvenil, que quer, precisamente, ir na direção que outros, na realidade, estabeleceram.

Michel de Montaigne (1533–1592) escrevia que o jovem não é um vaso para encher (de noções), mas um fogo para atiçar de entusiasmo, e o entusiasmo é parente próximo do divertimento, da satisfação e da consciência de receber uma educação viva, vista como interessante e necessária para o próprio crescimento. É por isso que é muito importante que a escolha dos conteúdos e do método didático mantenha elevado o interesse, que é a base da aprendizagem, e o entusiasmo, que é típico dos jovens.

Em Itália, seguindo o exemplo das escolas americanas e de muitas escolas europeias, debate-se a utilização em âmbito escolar do método e dos instrumentos do mundo digital, tão atraentes, além de familiares, para os jovens. É preciso tomar consciência de que este fenómeno cultural e comercial é irrefreável. É como um ciclone — paradoxalmente, um ciclone com potencial benéfico —, é um furacão: já o vemos a aproximar-se, conhecemos o seu poder e, portanto, só resta prepararmo-nos para lidar de forma adequada com ele; isso implica, em âmbito escolar, usá-lo como enriquecimento cultural, útil e necessário para todos, em particular para os mais jovens. A discussão nasce sobre as modalidades de gestão do fenómeno, de modo a evitar, antes de mais, os seus possíveis efeitos colaterais negativos.

Muitos — incluindo eu — são contra o facto de os alunos poderem levar para a escola os seus aparelhos, que, às escondidas ou até à mostra, são usados durante as aulas criando obstáculos ou, pelo menos, distraindo dos temas formativos e cognitivos da escola, necessários para a iniciação à vida social e profissional.

A «lição digital», que seria mais oportuno designar «laboratório digital», já que se serve de instrumentos, como acontece num laboratório científico, deveria ser dada com instrumentos fornecidos pela escola. Cada turma deveria ser dotada de instrumentação adequada — *smartphone, tablet,* computador, etc. —, mas com a comunicação com o exterior desativada.

Há também professores e pais que defendem a inoportunidade e, portanto, a proibição absoluta da instrumentação digital na escola. A meu ver, esta solução é irrealista porque o ciclone digital vem lá na mesma, abatendo qualquer tipo de obstáculo, e também porque a proposta cheira a proibicionismo e pode motivar, paradoxalmente, um interesse acrescido pelo fruto proibido.

A escola, para aspirar a ser uma boa escola e preparar um futuro melhor para o país, deve ser, antes de mais, séria, exigente, cuidada em todos os seus aspetos e dotada de recursos financeiros para o seu funcionamento. Uma cultura em movimento, como a dos nossos dias, exige professores continuamente atualizados e motivados no desempenho das suas funções, tanto do ponto de vista financeiro como social. No fundo, o professor é como um médico, só que trata da saúde intelectual e não da saúde física. Um médico que não tem a confiança e o respeito do paciente corre o risco de não ser bom médico: para o professor, os pacientes são os alunos e os seus pais, amiúde alinhados numa proteção demasiado amorosa dos seus filhos.

A escola da palavra

O ensino deve enfrentar a questão da cultura digital, mas obviamente não deve limitar-se a ela. O mundo moderno globalizado e veloz, com os riscos de superficialidade e de erro que inevitavelmente a velocidade implica (como já dissertei noutra obra[15]),

[15] L. Maffei, *Elogio della lentezza*, Bolonha, Il Mulino, 2014. [Edição portuguesa: *Elogio da Lentidão*, Lisboa, Edições 70, 2018.]

põe em cima da mesa o problema do ensino num quadro profundamente mudado em relação ao passado: conhecimentos científicos e tecnológicos em rápido desenvolvimento, entrada na escola pública de grandes massas de alunos heterogéneos quanto à proveniência sociocultural, estilo de vida, experiência de vida, que reproduzem no pequeno mundo da turma as dinâmicas complexas do mundo moderno. Em contexto semelhante, a meu ver, a tarefa principal da escola continua a ser a de preparar cidadãos com espírito crítico além de cidadãos informados, conscientes do seu direito a usar a palavra para exprimir o seu pensamento num debate civil com o pensamento dos colegas.

A sala de aula é o ginásio ideal para desenvolver esta consciência: a leitura de um texto, um poema, as páginas dos grandes clássicos, assim como um bom artigo de jornal e, sobretudo, a discussão dos resultados de uma experiência de laboratório são ocasiões imperdíveis para nos desembaraçarmos do preconceito aviltante do súbdito, que faz depender o pensamento e o comportamento de uma qualquer autoridade. Os jovens, se forem educados desde pequenos para o uso da palavra, quando se tornam adultos, deveriam estar imunes relativamente à ideia humilhante segundo a qual aqueles que gerem o poder político, económico e cultural têm um cérebro melhor, ideia totalmente falsa, dado que até há indicações de que, amiúde, é o contrário.

E então? Proponho a «escola da palavra». A proposta resulta da observação de que os jovens andam, frequentemente, debruçados sobre os seus *smartphones* e já não conversam, ou conversam menos, sempre obsessivamente ocupados a escrever e a receber uma infinidade de mensagens. Esta nova modalidade de comunicação, em voga nas novas gerações, é um fenómeno colateral negativo da educação digital que merece uma gestão cuidadosa enquanto não se vislumbrarem, pelo menos no momento presente, as vantagens educativas ou de outro género que não sejam, diga-se com ironia, a poupança das cordas vocais e uma modesta diminuição da poluição sonora. Nota-se, ao invés, claramente, um grave inconveniente, ou seja, o de uma comunicação fria, sem o calor do contacto, da proximidade, da mímica do amor ou da zanga.

Pode ser que esta comunicação robotizada tenha as suas vantagens, que, no entanto, ainda estão por descobrir. Mas os míopes observadores do futuro têm dificuldade em imaginar o professor a comunicar com a turma usando o *smartphone* ou o *tablet* e a limitar-se a acrescentar um *emoticon* para exprimir o seu entusiasmo quando explica o canto em que Dante fala de Paolo e Francesca. A evolução demorou milénios a modificar o cérebro para dar a palavra ao homem. Este, depois, inventou a escrita para que as palavras tivessem significados permanentes e fossem próteses da memória e, mais recentemente, inventou o *texting* (ou seja, o envio de mensagens, SMS, com o telemóvel). A meu ver seria muito útil, como já disse antes, deixar o *smartphone* em casa, ir para a escola mais leve, no peso e na mente, e simplesmente voltar a conversar. Proponho a escola da palavra, em que os temas salientes, selecionados pelo professor, são discutidos e em que cada um é convidado a exprimir o seu parecer (como em certas terapias de grupo) e estimulado a produzir uma opinião a propósito do tema.

O aluno deve ser protagonista, inclusivamente no contexto dos programas curriculares. O conhecimento deve ser conquistado e não absorvido passivamente, admitindo que tal seja possível, já que, ainda que exigente, a conquista induz satisfação, prazer que é um reforço basilar do ensino e do conhecimento. É sabido que representa um grande prazer do cérebro conseguir exprimir um parecer pessoal, uma nova ideia que pode, depois, tornar-se matéria de discussão com o professor, com os colegas e com os pais. Na verdade, a importância da discussão construtiva tem origens antigas. Já Aristóteles e, antes dele, Sócrates viam na dialética e no diálogo a origem do conhecimento. E os psicólogos, ao criarem o termo «conflito sociocognitivo», identificaram a importância para o ensino do debate entre alunos para disputarem ideias e, portanto, para aprenderem.

Por fim, nos nossos dias, filósofos e intelectuais como Martha Nussbaum e Nuccio Ordine demonstram que a cultura humanista e a ciência debatida ajudam a construir cidadãos críticos e conscientes[16]. O aluno deve construir o seu conhecimento e ensinar é fazer um pouco como Miguel Ângelo, descobrir a figura, a forma escondida, neste caso as potencialidades cognoscitivas, às vezes também criativas, escondidas no cérebro do aluno. A escola da palavra é a escola do hemisfério cerebral da linguagem, o da racionalidade, é a escola da reflexão, a do pensamento lento, aquela que ensina que é preciso refletir antes de decidir e pensar antes de crer.

A riqueza da língua, na história das suas transformações, no seu valor de ligação entre os cidadãos e na sua beleza, é uma componente importante da civilização de um povo: é um valor que deve ser tratado com paixão como fizeram e continuam a fazer linguistas ilustres como Tullio De Mauro ou Luca Serianni. A palavra, como foi sublinhado nas páginas anteriores, é um processo do pensamento, é o «pensamento vivo» como diz Vigotski, e o pensamento deve ser formado e cuidado na escola, na escola da palavra.

Só a escola, que acolhe os jovens desde a mais tenra idade, pode formar o modo de pensar e de agir.

---

[16] M. C. Nussbaum, *Non per profitto*, Bolonha, Il Mulino, 2014 [edição portuguesa no prelo: *Sem Fins Lucrativos*, Lisboa, Edições 70, 2019] e N. Ordine, *L'utilità dell'inutile*, Milão, Bompiani, 2013 [edição portuguesa: *A Utilidade do Inútil*, Matosinhos, Kalandraka, 2016].

É sua tarefa e deve inserir na sociedade cidadãos críticos, e não súbditos ou ingénuos. Só a escola pode ensinar que falar, discutir, abrir-se ao debate de ideias, revoltar-se pacificamente deve ser fruto da razão e não apenas da zanga.

Existe a dúvida de que a incúria em que a escola é deixada, o desinteresse dos governos, não é casual, mas programada, porque uma boa escola pode meter medo a quem tem privilégios injustos que não quer perder. Súbditos mudos, não educados para a palavra e para o pensamento, são cidadãos funcionais para uma democracia de fachada.

IV

INOVAÇÃO OU INVOLUÇÃO?

Por vezes, parece-me que uma epidemia pestilencial atingiu a humanidade na faculdade que mais a caracteriza, ou seja, no uso da palavra.

ITALO CALVINO

O homem-palavra

Se compararmos as propriedades das descargas de impulsos nervosos de neurónios humanos, registadas no decurso de intervenções cirúrgicas, com as dos neurónios do rato, sem conhecer a sua proveniência, é difícil distingui-las. A estrutura e função dos circuitos nervosos, a sua bioquímica e biofísica é, de facto, totalmente semelhante nos diferentes animais e daqui nasce a minha hipótese e convicção de que a linguagem é um verdadeiro milagre, uma epifania revolucionária que caracteriza o funcionamento cerebral do homem relativamente ao dos outros animais.

A meu ver, embora nos limites da dúvida, a palavra, companheira fiável embora inquietante do raciocínio, é um pouco a definição de homem, e arrisco-me a dizer que raciocinar é falar, isto é, usar os processos nervosos próprios do cérebro da palavra.

Talvez fosse isto que o evangelista João queria dizer com a introdução visionária ao seu Evangelho, «No princípio existia o verbo», Ἐν ἀρχῇ ἦν ὁ Λόγος, *lógos* que a Vulgata latina traduz *verbum*, mas que em grego tanto significa «discurso» como «pensamento, raciocínio». Creio que as outras manifestações do intelecto — como a arte, incluindo, quase paradoxalmente, a arte visual — também podem ser reduzidas a palavras.

Comunicação digital

Os meios de comunicação modernos têm enormes vantagens sobre as quais não é preciso sequer discutir: na difusão da informação, na socialidade e, consequentemente, na vivência da democracia. Todavia, tal como outras grandes inovações ou medicamentos eficazes, os meios de comunicação modernos têm também efeito secundários nem sempre positivos. No caso da comunicação por via instrumental — da difusão por TV aos computadores ou aos *smartphones*, cada vez mais «espertos» e versáteis —, a comunicação é acompanhada por um rápido e progressivo empobrecimento da comunicação verbal enquanto oportunidade de discussão e de relacionamento social.

Entre os obstinados defensores da linguagem tradicional corre a dúvida de que talvez o empobrecimento do uso da palavra possa fazer recuar milhares de anos a espécie humana, quando a palavra ainda não tinha nascido, com consequências imprevisíveis no comportamento social.

Penso que sem a palavra os homens seriam grandes macacos, situação, porventura, com algumas vantagens: por exemplo, a ausência de guerras desastrosas combatidas com armas cada vez mais sofisticadas.

O neurofisiologista, perante a eventualidade do desaparecimento progressivo da palavra, acabaria por temer a possível atrofia dos centros cerebrais da linguagem no hemisfério esquerdo, e o neurologista, perante dados autópticos ou de imagiologia (ou seja, métodos que geram imagens do cérebro em atividade) que indicassem atrofia do centro de Broca, poderia no futuro encontrar-se em dificuldade para excluir um diagnóstico que tivesse como etiologia um uso prolongado de instrumentos como o *smartphone*[17].

A fuga da palavra, o progressivo afastamento da conversação, tem raízes relativamente distantes, talvez, a meu ver, no desenvolvimento triunfal da tecnologia,

---

[17] S. Turkle, *La conversazione necessaria. La forza del dialogo nell'era digitale*, Turim, Einaudi, 2016.

com o aparecimento de instrumentos de comunicação sempre novos, cujo mercado florescente deslocou a atenção mais para o objeto enquanto tal do que para a necessidade de o utilizar no contexto da realidade dos seres vivos e das suas relações sociais.

Os objetos, os instrumentos e a sua posse tornaram-se conceptualmente mais importantes do que os homens e, sobretudo, permitem que alguns exerçam poder sobre muitos.

Italo Calvino em *Seis Propostas para o Próximo Milénio*, no capítulo dedicado à exatidão, escrevia: «Por vezes, parece-me que uma epidemia pestilencial atingiu a humanidade na faculdade que mais a caracteriza, isto é, no uso da palavra, uma peste da linguagem que se manifesta como perda de força cognoscitiva...»[18].

Na minha opinião, hoje a doença é ainda mais grave, já que o progressivo desaparecimento da linguagem induz uma mudança revolucionária da comunicação inter-humana e a palavra perde o seu peso cognoscitivo e emotivo.

Calvino, com palavras profundas, recorda-nos o valor da linguagem:

> Há quem creia que a palavra é o meio para alcançar a substância do mundo, a substância última,

---

[18] I. Calvino, *Lezioni americane. Sei proposte per il prossimo millennio*, Milão, Garzanti, 1988, p. 58. [Edição portuguesa: *Seis Propostas para o Próximo Milénio*, Lisboa, Teorema, 2007.]

> única, absoluta [...] A palavra liga o vestígio visível à coisa invisível, à coisa ausente, à coisa desejada ou temida, como uma ponte frágil e precária lançada sobre o vazio.[19]

Pareceu-me necessário recordar estas palavras proféticas do escritor que, como Pasolini, tinha o dom de ver o futuro.

Nos jovens e também nas crianças, a drástica diminuição verbal é por de mais evidente. Dizia-me uma professora do ensino básico que o seu problema era pôr as crianças a conversar, visto que na sua maior parte eram taciturnas, como se tivessem perdido o exercício da palavra. O uso prolongado do *smartphone* pela criança e pelos progenitores e o consequente desaparecimento da conversação são referidos pelos professores como causa da afasia infantil. Verifiquei, depois, com outros professores que este tipo de situação é bastante normal. Fala-se do uso do *smartphone* na sala de aula como instrumento didático. De resto, já é usado nalgumas igrejas como Bíblia digital. Penso que o resultado seria fazer concentrar perenemente a mente do jovem no ecrã, diminuindo a atenção à ciência e à cultura. Dizia Voltaire que «le secret d'annuyer est celui de tout dire» [o segredo de aborrecer é o de tudo dizer] e talvez também o segredo para adormecer o cérebro seja envolvê-lo em múltiplas informações simultâneas.

---

[19] *Ibidem*, p. 74.

O uso da comunicação digital — do *smartphone*, na prática — pode ultrapassar, como resulta das estatísticas, as seis a sete horas diárias e, consequentemente, influencia o estilo de vida do jovem e, talvez, a planificação do seu futuro. Sherry Turkle, psicóloga do MIT, no seu interessante livro *La conversazione necessaria*, refere que os jovens, desde que acordam, consultam em média o telemóvel 220 vezes por dia, entre quatro a cinco minutos de cada vez. O título do livro evoca a terapia para este problema: o regresso à palavra oral.

A comunicação digital, além de diminuir o «falar», reduz outras vias de comunicação direta quase instintiva, como a táctil, as carícias que, amiúde, trazem mensagens mais diretas, sinceras, mais animais, quase diria, e que são estímulos benéficos para quem as recebe. Abraçar significa não estar sozinho; e não estar sozinho, ainda que pelos escassos momentos do abraço, faz bem melhor do que centenas de mensagens de texto. Os recetores do tato, das mãos, dos lábios, do corpo todo, tão ricos de potencial comunicação, não podem ser reduzidos às carícias do ecrã do *smartphone*.

No período da globalização, do triunfo das comunicações digitais de todos com todos, tão difusas que geram surpresa pela capacidade de o cérebro produzir e receber um tão grande volume de mensagens, torna-se interessante refletir sobre como um cérebro submetido a miríades de mensagens ainda pode gerar pensamento criativo.

Todavia, tenho a certeza de que grandes artistas como Picasso, Cézanne ou Miguel Ângelo, se fossem catapultados para o nosso tempo, seriam indiferentes às contínuas mensagens digitais e criariam, de qualquer forma, as suas obras imortais. Vejo com grande interesse as produções artísticas digitais e, certamente, espero o aparecimento de grandes obras vindas também deste mundo. As grandes mentes têm o dom de saber selecionar!

O armazém das palavras

A senhora tinha-se levantado na pequena plateia de dez pessoas, constituída, se bem me recordo, por sete mulheres e três homens. A idade do grupo variava entre os 70 e os 85 anos de idade. Um senhor vangloriava-se de ainda correr a maratona. A saúde física dos participantes parecia bastante boa: os médicos tinham assegurado que o coração dos participantes funcionava bem e que o aparelho motor estava em condições satisfatórias. Tratava-se de uma plateia especial e notava-se que era animada e liderada por dois jovens psicólogos. Na verdade, era uma sessão terapêutica para pacientes (cerca de dez de cada vez) com DCL (défice cognitivo ligeiro), isto é, pessoas fisiologicamente saudáveis, mas com alguma perturbação cognitiva não grave, sobretudo na memória espacial: por exemplo, apresentavam dificuldades de orientação numa rua outrora bem conhecida ou, até, na rua onde moravam, como tinha sido algumas vezes o caso do senhor da maratona, aparentemente numa forma física perfeita.

Testes minuciosos, psicológicos e não só, catalogaram estas pessoas como sendo de alto risco para, com o passar do tempo, desenvolverem demência senil.

O objetivo terapêutico era prevenir ou, pelo menos, abrandar o declínio cognitivo.

A senhora que se tinha levantado era uma dona de casa que vivia no campo, sozinha, mas em contacto com os filhos, os quais, agora, moravam noutras localidades e tinham os seus afazeres.

A coisa que em particular mais me impressionou foi que esta senhora e, em geral, muitas das centenas de pessoas na mesma situação, quando convidadas a falar, após momentos iniciais de timidez, tendem a falar ininterruptamente, tanto que era necessário intervir e distraí-las para ser possível cuidar dos outros pacientes. Esta mulher contava que a sua paixão era a cozinha e a preparação das refeições para a sua família e descrevia os pormenores com entusiasmo; as palavras simples, inclusivamente em dialeto, saíam com velocidade, como se contasse uma fábula.

Percebi ou, melhor, tive a sensação de perceber que estas pessoas que ficaram sozinhas, ou predominantemente sozinhas, tinham muita vontade de falar, como se tivessem um armazém de palavras não ditas, acumuladas no silêncio da solidão, e as palavras não ditas tinham-se acumulado no peito, ou noutra parte qualquer do corpo, e queriam sair, como se precisassem de libertação, de alívio, e que isto já era, deixem-me dizer, curativo.

Devo também esclarecer que as pessoas que descrevo com este comportamento provinham de diferentes classes sociais, mas eram sobretudo de classes não privilegiadas com habilitações médias ou escassas.

O cérebro para funcionar bem precisa de estímulos que ativem o seu metabolismo, como, de resto, é o caso de todos os órgãos e tecidos: exemplo bem conhecido é o dos músculos, que se não forem exercitados se tornam flácidos e, do ponto de vista funcional, perdem força e agilidade. A palavra, a comunicação, é um estímulo fundamental para a saúde do cérebro. Infelizmente, muitos idosos reduzem as suas comunicações, em particular as comunicações em família. A condição que se verifica é que o idoso fica, de facto, sem família, porque os mais jovens moram noutras localidades, cidades, países, continentes; além disso, há outro fator que, amiúde, não é tido em consideração: a drástica mudança da linguagem induzida pela revolução tecnológica. Se os mais jovens, filhos e netos, em família, estão debruçados sobre os seus telemóveis, nos seus computadores e usam palavras novas como Tweet, WhatsApp e por aí adiante, o idoso não compreende, não sabe usar os novos meios de comunicação digital e é-lhe difícil atualizar-se, não fala ou fala menos e, sobretudo, ninguém lhe fala senão com frases rotineiras que não são muito estimulantes para o cérebro. «Como estás, avô?» Solidão de contactos e de palavras. A meu ver — ainda que tenha a experiência baseada na observação de muitos pacientes, mas não a demonstração experimental com os necessários fatores de controlo —, a solidão do idoso pode favorecer ou acelerar o seu declínio cognitivo. Estudos experimentais em animais de laboratório demonstram que ratos colocados em ambientes empobrecidos, isto é, pobres de estímulos, diminuem as suas possibilidades de reação ao ambiente. Também no homem, em experiências de privação sensorial ou motora, são evidentes perturbações motoras ou cognitivas[20]. É significativo recordar que no treino dos pacientes era importante apresentar exercícios motores e cognitivos em que o paciente teria êxito. A satisfação de conseguir, por assim dizer, vencer a dificuldade é um estímulo extremamente positivo para o cérebro.

---

[20] Nos anos 50 e 60 do século XX, fizeram-se muitas experiências de privação percetiva e motora com humanos. As privações podiam ser de algumas horas ou dias até um máximo de duas semanas. Os sujeitos manifestavam perturbações cognitivas como alucinações de tipo visual ou auditivo, alterações no eletroencefalograma e outros sintomas provocados pela privação. Para uma panorâmica geral sobre estes resultados, amiúde discordantes, pode consultar-se um texto publicado por um dos principais investigadores neste campo, J. P. Zubek, intitulado *Sensory Deprivation: Fifteen Years of Research*, Nova Iorque, Appleton Century Crofts, 1969.

A atividade do cérebro está em pensar, mas só ao fazer isso encontra a sua recompensa emocional, como diz Dante no Canto XVIII do *Purgatório*:

> Toda a forma substancial, que é distinta
> da matéria e a ela está unida,
> contém em si uma virtude específica,
> a qual só é sentida quando atua,
> e só se mostra no efeito,
> como a verdura na planta indica a vida.

Também cuidar do próximo, como em muitas formas de voluntariado, não só faz bem ao próximo como a nós mesmos; também a caridade e libertar-se dos bens terrenos dando tudo aos pobres, como fez São Francisco de Assis, podem ser formas fisiológicas — alguns diriam formas santas — de fazer bem aos outros fazendo igualmente bem a nós mesmos.

Existem, todavia, comportamentos radicalmente diferentes, sub-repticiamente teorizados pelo liberalismo mais desenfreado: apoderar-se em vez de dar, usurpar e explorar o próximo para vantagem própria.

Do ponto de vista da saúde do cérebro também esta atividade é, contudo, positiva, já que o explorador, o patrão, inventa uma justificação racional para as suas ações: poderá dar condições abastadas à sua família, irá criar novos postos de trabalho e vai distribuir pelos pobres as migalhas que caem da sua mesa. O desejo do patrão é o de ser aplaudido e reconhecido pela oferta destas migalhas e, assim, a sua consciência tranquiliza-se e a sua saúde sai beneficiada. É o que acontece no filme de Mario Monicelli *Il marchese del Grillo* (1981), em que Alberto Sordi atira moedas do terraço da sua casa para os seus trabalhadores, que as apanham e lhe agradecem.

Deus, se é que existe, também chora e prepara, na sua infinita misericórdia, círculos infernais dantescos.

Os pacientes a que me referi antes apreciavam estar em grupo, conversar e ter alguém que os escutasse e cuidasse deles.

A palavra dita ou escutada pode ser uma terapia eficaz. Este programa de terapia da demência teve êxito, abrandando de forma significativa o declínio cognitivo destes pacientes[21]. O amor, por si só, já é terapia. Se isto é sempre verdade, ainda o é mais nas doenças que implicam perturbações cognitivas e no acompanhamento dos que vão na estrada com sinal de sentido único em direção ao fim da vida.

---

[21] Os resultados foram publicados em L. Maffei *et al.*, «Randomized Trial on the Effects of a Combined Physical/Cognitive Training in Aged MCI Subjects: The Train the Brain Study», Train the Brain Consortium, *Scientific Reports*, 2017.

V

O BOM GOVERNO

Não há nada mais injusto do que distribuir partes iguais entre desiguais.

Lorenzo Milani

Corsi e ricorsi

As transformações de muitos sistemas naturais que se verificaram ao longo dos séculos, por vezes milénios, foram reconstruídas por estudiosos de várias disciplinas científicas. Com alguma frequência, os parâmetros analisados apresentam uma evolução flutuante que, a curto prazo, disfarça durante muito tempo a história evolutiva do sistema, fundamentando a interpretação mecanicista da «máquina do mundo» de memória newtoniana.

Ao invés, a história do homem, tanto coletiva como individual, foi quase sempre lida numa perspetiva evolucionista e descrita segundo o critério do progresso, partindo de formas de organização e de consciência mais primitivas para formas mais complexas.

Só no século XIX é que as ideias evolucionistas começam também a fazer parte das ciências da natureza, primeiro na geologia (o «tempo profundo», de Hutton), depois na biologia (*A Origem das Espécies*, de Darwin) e, por fim, na física (a segunda lei da termodinâmica e a seta do tempo).

Bem vistas as coisas, a história do homem, embora claramente marcada pelo aumento da organização social, apresentou, sob vários aspetos, oscilações, bem sintetizadas pela teoria dos *corsi e ricorsi* [cursos e recursos] de Giambattista Vico: aos períodos de carestia seguem-se períodos de abundância, como as sete vacas gordas e as sete vacas magras no sonho bíblico do faraó; os períodos de guerra alternam com períodos de paz; grandes revoluções são seguidas de períodos de retrocesso, quando não mesmo de períodos de verdadeira restauração do *statu quo*; períodos em que a população de determinadas regiões cresce são interrompidos por inesperadas quedas demográficas.

É como se os sistemas, a produção de recursos, as relações entre as nações, os regimes políticos, a demografia, etc. tivessem a capacidade de se limitar impedindo-se de alcançar níveis extremos, incompatíveis com o bom funcionamento do sistema.

O andamento oscilatório — ainda que no contexto de um contínuo mas lento crescimento — da população europeia nos últimos séculos, tal como reconstruído pelos demógrafos, muda drasticamente com o advento da primeira Revolução Industrial (início do século XIX), quando o número dos habitantes do Velho Continente mostra um aumento que até hoje ainda não encontrou uma correção substancial (dos 370 milhões de 1850 passa-se para os 740 milhões de 2000). Este crescimento demográfico sem limites resulta atualmente ainda mais dramático a nível mundial, com projeções alarmantes para o futuro.

Contudo, gostava de me deter num processo específico que caracteriza a modernidade: o do mercado e do consumismo condicionado pela globalização que, na sequência do crescimento da população, não parece encontrar correções, com efeitos bem evidentes e dramáticos segundo alguns, sobre a vida social e sobre o comportamento do indivíduo.

Globalização sem fim

A globalização é uma autêntica revolução na história da humanidade. Não sofre contragolpes, correções, repensamentos ou ajustamentos, como aconteceu com a Revolução Russa ou com a Revolução Francesa. A globalização está em pleno e dinâmico desenvolvimento e progressão: mudou as relações internacionais, sociais, económicas e também os comportamentos humanos, os desejos e, inclusivamente, as relações familiares e a linguagem.

A possibilidade de comunicar com toda a gente através de instrumentos digitais penalizou a palavra, a conversação e paradoxalmente também as conversas connosco, a reflexão e, deixem-me dizer, a elegância do pensamento e a dialética construtiva com o interlocutor.

A globalização não nasceu de uma revolta popular ou militar; tem uma origem nova, historicamente original: nasceu do homem mas de forma indireta e, porventura, não prevista, ou seja, do desenvolvimento da tecnologia das comunicações. Tornou-se fácil e económico comunicar com todos, um grande mercado global das mercadorias, do pensamento, das ideias e, também, dos sentimentos com uma tendência para a homologação geral, sobretudo no mundo ocidental. A homologação vê o desaparecimento ou a diluição de políticas de esquerda ou de direita, que se tornaram extremamente semelhantes entre si, já que ambas dependem de sistemas de comunicação invasivos e controlados pelo mercado.

A revolução da globalização enquanto revolução tecnológica está fora de controlo, porque não se consegue parar o desenvolvimento da ciência, de quem a tecnologia é filha, e vai avançar com grande sucesso. Pensava-se que a globalização iria levar a um mundo melhor, onde não houvesse mais barreiras, um mundo mais justo e mais belo. Na linha de José

Saramago, também eu era a favor de uma globalização que conseguisse «levar pão a todos», mais justiça social, uma vida melhor.

Mas não foi o que se passou. As desigualdades aumentaram e os conflitos entre as nações tornaram-se conflitos económicos pela conquista de praças de mercado, acompanhados com frequência por guerras a sério.

Mercado e entropia

Nos seres vivos, que podemos considerar «sistemas» biológicos, o bom funcionamento do organismo é assegurado pela capacidade de manter relações «ordenadas» entre as diferentes componentes e, portanto, uma organização interna. Isso concretiza-se mediante estratégias severamente selecionadas pela evolução, as quais, implicando um custo energético, asseguram a constância de alguns parâmetros fundamentais, que, todavia, oscilam dentro de valores limiares. Por exemplo, no homem, a glicemia é mantida dentro de valores normais devido a relações complexas que implicam muitos órgãos e, em particular, o pâncreas e o fígado. Do mesmo modo, o funcionamento do cérebro é regulado por um sábio equilíbrio entre excitação e inibição: se um neurónio, ou um grupo de neurónios, excede a descarga de impulsos nervosos a ponto de gerar patologias, como um tétano muscular (contração duradoura do músculo) ou uma descarga epilética, entra automaticamente em função um circuito inibidor que reconduz a descarga a valores normais.

No seu devir ontogenético — nascimento, crescimento, morte —, o organismo também vai ao encontro de situações patológicas, as doenças, que consistem numa alteração das relações de controlo entre os seus órgãos ou com o ambiente; tais situações patológicas podem ser superadas por mecanismos internos, como as defesas imunitárias, ou por correções externas, como a toma de antibióticos, que restauram o estado de boa saúde. Também o envelhecimento de um organismo é um processo de progressiva alteração das relações internas, por vezes de tal forma lento, que passa despercebido; a alteração pode chegar a ponto, e habitualmente chega, de produzir desordens funcionais de tal forma graves, que determinam a morte, um estado em que as partes elementares, que durante a vida trabalhavam coordenadas de modo harmonioso, perdem a sua organização ordenada e caem num estado caótico irreversível de desordem, que é aquele para o qual todo o organismo tende espontânea e irreversivelmente quando é deixado entregue a si próprio, à mercê das leis físicas que regulam todos os processos de transformação segundo uma inelutável seta temporal.

Os físicos enfrentaram o problema das transformações (começando pelas de grande utilidade prática, como as do calor no trabalho) e conseguiram formular leis gerais para todos os processos termodinâmicos, incluindo os biológicos, introduzindo uma medida de compreensão não fácil, a entropia, que avalia o grau de desordem de um sistema em transformação. Na ausência de correções capazes de introduzir no sistema nova energia do exterior, um processo termodinâmico — que é um pouco como dizer uma transformação — é acompanhado por um aumento de entropia e é irreversível.

O corpo humano foi frequentemente assumido como metáfora do corpo social: há um apólogo, tornado célebre por Tito Lívio (*Ab Urbe condita*), em que Menénio Agripa, no ano de 494 a. C., se dirige aos plebeus em revolta e termina com estas palavras: «Sic senatus et populus quasi unum corpus discordia pereunt concordia valent» (Assim, o senado e o povo, quase como um único corpo, em discórdia perecem, em concórdia gozam de boa saúde).

Com efeito, uma sociedade humana também é um sistema formado por partes, indivíduos singulares ou indivíduos reunidos por grupos de interesse, e mantém o seu nível de organização, obviamente mais alto do que o do indivíduo por si só, quando concretiza relações de controlo entre as suas componentes, cada uma das quais, tal como os diferentes órgãos, ocupa um papel fundamental e desempenha uma função específica. O resultado dessas boas relações é uma sociedade suficientemente ordenada, capaz de superar crises económicas e sociais e de garantir um incremento global da qualidade de vida dos seus cidadãos.

Como as coisas nem sempre correm bem, existem também as patologias sociais, situações em que os mecanismos de controlo deixam de funcionar, e que requerem terapias que recuperam a estabilidade do sistema. Por exemplo, quando a diferença entre ricos e pobres aumenta, gerando protestos que podem desembocar em verdadeiras revoluções, os bons governantes promovem políticas redistributivas adequadas e, deste modo, recuperam a estabilidade do sistema. Quando as relações entre os Estados se tornam demasiado tensas, as instituições supranacionais de uma sociedade avançada podem promover e impor o respeito pelo direito internacional, ou manter a paz nas áreas de risco do planeta com relações diplomáticas eficazes.

FIG. 3. Ambrogio Lorenzetti, *O Bom Governo*, 1338–1339, Siena, Palácio Público.

Ambrogio Lorenzetti, num célebre fresco pintado entre 1338 e 1339 no Palácio Público de Siena, na chamada Sala dos Nove ou Sala da Paz, representa com imagens admiráveis os elementos necessários para a criação de uma boa instituição que governe a cidade, *O Bom Governo* (Fig. n.º 3), em que as componentes portadoras de valores diferentes cooperam numa organização de nível superior para o bem da cidade e dos seus cidadãos. No fresco domina um velho e sábio monarca sentado num trono rodeado das figuras da Justiça, da Temperança, da Magnanimidade, da Prudência, da Fortaleza e da Paz. Acima dele também surgem personificadas as virtudes teologais: Fé, Esperança e Caridade.

Noutra parede da mesma sala surge representada, com uma alegoria especular, *O Mau Governo,* com a cidade em ruínas dominada pela tirania e pelos vícios. No contexto da nossa argumentação, *O Bom Governo* e *O Mau Governo* pretendem simbolizar, no plano social, a boa e a má organização, a ordem e a desordem, a baixa e a elevada entropia. O primeiro, com as suas virtudes, sabe corrigir os excessos que a cidade poderia cometer e que trariam a sua ruína. O segundo mostra-nos a catástrofe inevitável de um sistema descontrolado que, na ausência de freios, perde a capacidade de funcionar.

Em termos mais modernos, e utilizando a linguagem do servomecanismo, podemos chamar «*feedback* negativo» às correções que diminuem a entropia e recuperam a ordem, e «*feedback* positivo» àquelas que, ao invés, aumentam a entropia, deixando espaço livre à desordem.

Atualmente, o crescimento do mercado e do consumismo a ele ligado, com as crescentes repercussões sobre a saúde, o ambiente e as relações nacionais e internacionais, que no seu conjunto configuram um aumento da entropia no sistema social, não deixa entrever correções que, a curto prazo, reconduzam o fenómeno a limites aceitáveis. Pelo contrário, este crescimento, que designei «bulimia dos consumos e anorexia dos valores», parece usufruir de um *feedback* positivo: o processo é reforçado, com efeito, por resultados de grande êxito, a ponto de se dizer que o mercado é a fé laica dos nossos dias, uma fé em expansão mundial, inculcada como esperança, uma espécie de escada de Jacob que dá acesso ao Paraíso. Graças aos meios de comunicação, também eles nas mãos do mercado, o seu crescimento descontrolado é vendido como êxito não apenas social, mas também civil, e atinge-se o paroxismo da informação, em que o aumento do PIB é visto como aumento do bem-estar e este como aumento do nível de civilização.

Num sistema de elevada organização como é a sociedade humana, a presença de um *feedback* positivo relativo a um processo que, como o do mercado, lhe faz aumentar a entropia, é certamente digna de análise e também fonte de preocupação. Podemos dizer que o mercado e o consumismo, deste ponto de vista, são fenómenos extraordinários e extraordinariamente eficazes na produção de um contínuo e ulterior aumento de entropia. Tal manifesta-se no difuso mal-estar social que todos os relatórios internacionais documentam, reportando dados alarmantes sobre o aumento das desigualdades e do desemprego, e sobre a diminuição dos serviços sociais essenciais, como a saúde e o ensino.

Por efeito das dinâmicas desencadeadas pelo mercado e que determinam o seu êxito, aumenta a desordem das partículas que compõem a sociedade, indivíduos que veem diminuir as suas possibilidades de intervenção corretiva (por estarem desempregados e serem ameaçados pelo avançar dos robôs, prontos a substituí-los). Por outro lado, a crescente marginalização e a perda de poder dos chamados níveis intermédios, como os sindicatos, contribuem para o aumento da desordem e, portanto, para o êxito do mercado.

Teoricamente, este processo de crescimento rápido e irrefreável não pode continuar até ao infinito. É preciso inserir uma fonte de energia robusta que inverta a seta do processo: esta inversão pode ser ativada por um acontecimento *top-down*, ou seja, por uma milagrosa conversão do próprio mercado, que, por absurdo, difunda a notícia de que o consumismo é uma patologia e que só a moderação, a solidariedade e a igualdade entre os homens são valores positivos. Ou então, poderia ser desencadeado um acontecimento *bottom-up*, como uma poderosa energia vinda de baixo, ou seja, das partículas humanas, que têm, por constituição, reservas escondidas para gastar e que, sendo numerosas e pensantes, unindo-se poderiam organizar a correção, todavia, nem sempre eficaz, da rebelião. Estas reservas latentes precisam de se transformar numa energia coletiva por meio de um catalisador-escola, onde se trabalhe a formação de intelectuais que, como Gramsci, ousemos chamar «orgânicos»[22]. Estes movem-se em todos os níveis da sociedade: o seu cérebro de *Homo sapiens* possui as potencialidades de pensar, criticar e unir-se para protestar. Estamos perante processos reversíveis, racionalmente controláveis e, portanto, é possível diminuir a entropia.

Mas quem são os intelectuais no tempo da globalização e do consumismo? Estes, habitualmente, pregam, indignam-se e dominam o panorama. Mas levam a pensar que a sua indignação moral é mera estratégia para conquistar um papel que, contudo, é inadequado e insuficiente para catalisar o protesto.

---

[22] Este tema é tratado, também com referência ao papel da escola, em A. Gramsci, *Quaderni del carcere*, Turim, Einaudi, 1975, vol. III, p. 1550.

VI

ISTO NÃO É UM CÉREBRO

Imaginei um mundo sem memória, sem tempo; considerei a possibilidade de uma linguagem de verbos impessoais ou de epítetos indeclináveis. E assim se foram morrendo os dias e com os dias os anos, mas algo semelhante à felicidade acontece uma manhã. Chove, com lentidão poderosa...

JORGE LUIS BORGES

Ceci n'est pas une pipe

A frase que dá o título a este capítulo decalca bem a conhecida legenda «Ceci n'est pas une pipe» (Isto não é um cachimbo), que o pintor surrealista belga René Magritte (1898–1967) acrescentou à pintura perfeitamente realista de um cachimbo, tema que ele representou várias vezes a partir de 1928 (Fig. n.º 4).

Fig. 4. René Magritte, *A Traição das Imagens*, 1928–1929, pintura sobre tela, Museu de Arte do Condado de Los Angeles.

Além de artístico, o surrealismo é um movimento de pensamento que começa com o manifesto de André Breton em 1924. Tal como no caso do dadaísmo, do qual o surrealismo é uma derivação, este movimento cultural coloca-se fortemente contra a tradição, é declaradamente antiburguês, procurando uma liberdade que mete o acaso na primeira linha — pense-se na escrita automática — e mostra aspetos aparentemente irracionais, contra a prisão da razão.

Como neurofisiologista, considero que a palavra «irracional» é, amiúde, como neste caso, utilizada de maneira totalmente imprópria. Com efeito, a meu ver a irracionalidade não existe, já que é, de todas as formas, criação consciente ou inconsciente da racionalidade, é busca do novo, do diferente, e é pensamento racional em fermento: os neurónios da irracionalidade não existem ou, pelo menos, não existem descrições científicas deles.

Por isso, pode-se afirmar que o surrealismo é um movimento cultural muito interessante que se serve do pensamento racional, e o seu pensamento livre dá-me a oportunidade de tecer algumas considerações sobre os efeitos que a globalização tem sobre o cérebro.

Mas voltemos a Magritte e ao seu cachimbo: ele unia o seu talento de artista original também ao seu talento de pensador profundo, e frequentemente as suas obras são autênticas reflexões conceptuais e filosóficas, como se escrevesse mediante símbolos que não são palavras, mas imagens.

As suas reflexões sobre a relação existente entre as imagens e as palavras parecem-me muito adequadas para serem interpretadas nos termos dos processos nervosos, recordando quanto hoje sabemos sobre a assimetria dos hemisférios cerebrais humanos: o hemisfério direito tem competências visuais-espaciais e emocionais; o hemisfério esquerdo tem competências linguísticas e racionais; os dois hemisférios estão em constante comunicação através de 200 milhões de fibras nervosas que formam o corpo caloso, como já referimos. Estes dados, que parecem sugerir, inconscientemente, a obra pictórica e o pensamento de Magritte, ainda eram pouco conhecidos nos anos em que o pintor estava no ativo. Só com os brilhantes estudos de Sperry, Bogen e Gazzaniga, nos anos 80, é que os resultados se tornaram consistentes.

Estas considerações não nos devem levar à conclusão de que a informação visual, que para se tornar mensagem factual precisa de se transformar em palavras, é supérflua ou redundante; a imagem mantém toda a sua informação sensorial e percetiva para uma avaliação estética noutras partes do cérebro; é só quando é preciso avaliá-la racionalmente para deduzir determinado comportamento que ela, no homem, se faz palavra, tradução que noutros animais não existe, com o resultado de que são as imagens ou outras informações sensoriais a guiar o seu comportamento.

Uma primeira versão do cachimbo de Magritte, com a desconcertante legenda que nega a evidência visual, surge em 1928 numa pintura a óleo com um título esclarecedor: *A Traição das Imagens*; nela, a imagem e as palavras concorrem para formar uma composição visual única, aquela que Michel Foucault, num ensaio sobre a obra intitulado *Isto não É Um Cachimbo*[23], define como um «caligrama», já que a escrita elegante é parte integrante da obra pictórica.

Por norma, o observador está habituado a imagens acompanhadas pela indicação escrita daquilo que elas representam e, portanto, perante o quadro

---

[23] M. Foucault, *Questo non* è *una pipa*, Milão, SE, 1988.

de Magritte, seria de esperar a legenda «Ceci est une pipe», legenda que de resto seria supérflua, um acrescento redundante, talvez útil apenas para alguém com dificuldades de visão. Assim sendo, o observador lê a negação (*n'est pas*: não é) como uma frase extravagante, acrescentada para suscitar interesse em relação a uma imagem pobre de atração artística ou comercial. O observador pode chegar à conclusão de que se trata de uma daquelas obras inovadoras, provocadoras em relação a conceções tradicionalistas da arte, típicas do movimento dadaísta.

Mas não é assim; se aprofundarmos o conhecimento da personalidade de Magritte, o qual, a certa altura da sua vida, teria preferido «filosofar» a pintar, a caneta ao pincel, compreende-se que o artista com aquela obra queira exprimir um pensamento próprio, um pensamento intrigante que reduz a figura a símbolo que comunica uma mensagem, como se fosse uma cadeia de palavras.

Na realidade, a legenda pretende ser um aviso para o observador e um convite a refletir sobre o facto de a representação visual ou a indicação verbal de uma coisa não terem nada que ver com a coisa em si.

A legenda «Ceci n'est pas une pipe» afirma que imagens de coisas, ou até palavras que indicam coisas, são apenas mensagens e não a realidade. Não se pode fumar com o cachimbo de Magritte, tal como o mapa de uma cidade não é a cidade.

Muitos anos mais tarde, numa carta endereçada ao amigo, poeta e escritor André Bosmans, Magritte escreve:

> as imagens pintadas são o equivalente da palavra, sem se confundirem com ela. Aquilo que a imagem consegue mostrar a palavra pode dizê-lo, aquilo que a linguagem diz a palavra não o consegue mostrar.
>
> Aquilo que as imagens pintadas «mostram» e aquilo que a palavra «diz» são (podem ser) a mesma coisa.

O mesmo conceito é brilhantemente expresso pelo artista numa carta ao filósofo Michel Foucault, como réplica ao ensaio acima citado. Recordo que o pintor e o filósofo escreveram uma longa reflexão sobre estes temas em duas obras com os seguintes títulos: «Les mots et les images» (1929), a de Magritte, e *As Palavras e as Coisas* (1966)[24], a de Foucault.

Palavras e imagens são referências a coisas reais e, eventualmente, também a coisas que não existem, como acontece nas narrativas fantásticas; o ogre dos contos de fadas ou o inferno de Dante não são reais, mas existem muitas descrições de ambos, tanto por imagens como por palavras.

---

[24] R. Magritte, «Les mots et les images», *La révolution surréaliste* 12, 1929, pp. 32–33; M. Foucault, *Le parole e le cose. Un'archeologia delle scienze umane*, Milão, Rizzoli, 2007. [Edição portuguesa: *As Palavras e as Coisas*, Lisboa, Edições 70, 2014.]

O que se passará no meu cérebro, pergunta o observador a si próprio, perante este jogo confuso entre palavras e imagens?

Por norma, a perceção de uma imagem traduz-se, no lobo da linguagem, numa palavra que concorda com essa imagem, mas no caso do quadro de Magritte o cachimbo representado e a legenda, já feita de palavras, estão em conflito: cachimbo contra não-cachimbo, afirmação contra negação. Evidentemente, e ainda bem, Magritte dá ao cérebro racional do observador um conselho claríssimo: se queres fumar cachimbo, tens de ir buscar um à gaveta onde puseste o teu, porque «Isto não é um cachimbo», mas apenas a imagem de um cachimbo. Em conclusão, o pintor, com ironia provocadora, sacode-nos da aceitação passiva da mensagem visual, recordando-nos a necessidade de passar as mensagens visuais e as imagens verbais pelo crivo da razão.

Ceci n'est pas un cerveau

Inspirei-me na provocação de Magritte para refletir novamente sobre os pensamentos extravagantes que podem vir à mente ante a imagem de um cérebro com a legenda «magritiana».

Aquilo que se vê na Fig. n.º 5 parece um cérebro, mas, como Magritte ensina, é apenas a imagem de um cérebro: tal como não se pode usar aquele cachimbo

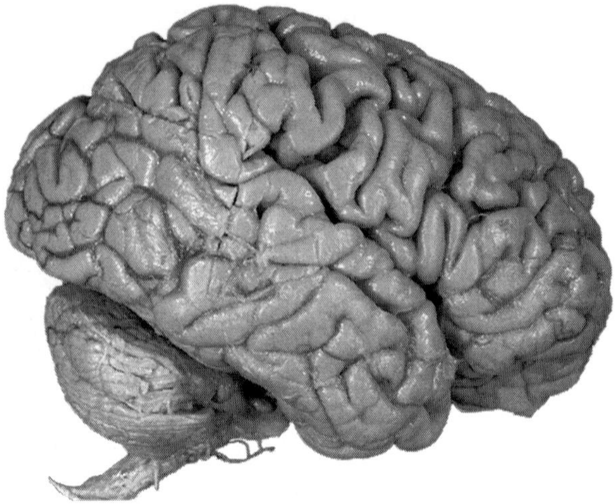

FIG. 5. «Ceci n'est pas un cerveau» («Isto não é um cérebro»).

para fumar, também não se pode usar este cérebro para pensar nem para caminhar nem, em geral, para viver; não pode ser comprado numa loja especializada, uma espécie de «cerebraleiro» na esquina da rua, e não pode ser comprado na Amazon, que seria ainda mais económico; é simplesmente uma mensagem visual, que, transferida para o centro da linguagem, é traduzida na palavra «cérebro», enquanto simultaneamente chega a legenda «não-cérebro» que o nega. Os neurónios da racionalidade do leitor começam a procurar uma solução e concluem que, mesmo que existisse um «cerebraleiro» onde comprar um cérebro, o leitor não o compraria, não quereria transplantar um cérebro de série, um cérebro igual ao de todos os outros, homologado para viver, para pensar como todos os outros, para ser uma ovelha boa no rebanho dos homens. Uma escolha não original mas a ter em consideração, sobretudo se o pastor é um bom pastor e o cão não morde. Mas o leitor quer ser um homem, único como o criou a evolução ou Deus, e ter pensamentos únicos e sair do rebanho e encontrar o seu caminho. Não quer pastar, indistinto e indistinguível, em verdes prados, onde todas as ovelhas são iguais e onde tudo é dado, incluindo a tosquia quando chega a primavera.

Pensando bem, o cérebro que o leitor poderia comprar assemelha-se um pouco, ou se calhar muito, ao cérebro globalizado pelo qual não teve sequer o esforço ou despesa da compra. De facto, o cérebro globalizado é entregue gratuitamente no domicílio através dos meios visuais e verbais, autênticos traficantes da mente, como o melhor dos cérebros possíveis, aliás, indispensável para o futuro, para o progresso e para o aumento do PIB.

Perante esta conclusão, os neurónios do cérebro do leitor tornam-se bastante inquietos e animados, e aumentam a sua descarga de impulsos nervosos para o pôr alerta; o centro de Broca, com palavras silenciosas, diz-lhe que é responsabilidade sua decidir se continua no rebanho a pastar nos prados de um cérebro globalizado, «burguês», que não quer mudar por princípio e prefere ficar envolvido voluntariamente na celulite de uma preguiça egoísta e de um funcionamento rotineiro, previsível, mas que lhe dá segurança, assegurando-lhe que o amanhã será, como o hoje, inserido numa cadeia de acontecimentos, talvez sem sol, mas sem tempestades ou chuvas, senão aquelas preventivamente anunciadas por monitores seguros.

Todavia, o leitor sabe, ou talvez recorde — de quando era criança e olhava para o futuro com o seu cérebro atrevido, sem vínculos —, que a rotina é a morte do pensamento e da criatividade.

Leopardi, no *Zibaldone*, diz: «As crianças encontram tudo em nada, os homens, nada em tudo», e ainda, «A palavra "talvez" é a mais bela do vocabulário italiano, porque abre à possibilidade, não à certeza. Porque não busca o fim, mas encaminha-se para o infinito»[25].

A rotina, do ponto de vista do funcionamento cerebral, significa que os circuitos plásticos, que têm a propriedade de mudar com a experiência, se tornaram estáveis como os dos reflexos, das reações automáticas ou da vida vegetativa. Se o leitor gostar de se tornar automático, robótico, aliás, um robô da velha geração, está em grande e boa companhia.

Tal como os robôs, também as ovelhas parecem não ter nenhuma dúvida — que, segundo Borges, é um dos nomes da inteligência — e seguem passivamente o rebanho; têm, por natureza, um cérebro que, no seu pequeno mundo, é globalizado.

---

[25] G. Leopardi, *Zibaldone*, 527, 19 de janeiro de 1821.

Os quadros de Magritte, obras para os olhos e para o pensamento, ensinam a ver e a pensar que as imagens que nos são abundantemente impingidas pelos jornais, pelas paredes da cidade ou pela televisão não são «coisas» que se possam ver, ponderar e ter a certeza de que existem. Quando na nossa retina surge a figura de um político, bem vestido e sorridente, a falar de solidariedade e das coisas maravilhosas que vai fazer pelo nosso bem-estar, ou a de banqueiros e empresários que prometem mundos e fundos — personagens cuja imagem se rodeia de uma espécie de «aura» que lhes dá credibilidade —, eis que dizemos com Magritte: «Isto não é um presidente, um empresário, etc.», isto nada tem que ver com a realidade; é apenas uma imagem, praticamente *fake news*, uma espécie de fábula; não nos deixemos enganar, pensemos com o nosso cérebro.

O desaparecimento da aura e o aparecimento da tagarelice

O filósofo e escritor Walter Benjamin (1892–1940), profundo e sensível intérprete da situação cultural e política do seu tempo, no ensaio *A Obra de Arte na Era da Sua Reprodutibilidade Técnica* lamentava que o desenvolvimento da técnica, em particular a fotografia, ao permitir uma reprodução perfeita da obra de arte, tivesse feito desaparecer a sua aura, retirando à obra de arte aquela reverência, aquele sentido religioso que a rodeava e que a ligava ao facto de ser única e, sobretudo, irrepetível, acabando por torná-la numa imagem comum. Outrora, para vermos obras de arte tínhamos de viajar, e isso tinha um sentido de peregrinação. Hoje, são as obras de arte que viajam com grande pompa e se exibem como se fossem divas, chamando multidões de visitantes nem sempre interessados ou preparados para lhes captar a aura, o halo de luz da obra, porque ela se escondeu ou talvez, como diz Walter Benjamin, tenha desaparecido[26]. O processo de dessacralização da obra de arte prossegue no nosso tempo com o advento do mercado da arte: a aura da obra de arte depende, agora, do seu valor económico. O sagrado foi criado pelo homem, a partir do seu sentido de deslumbramento perante a natureza e perante aquilo que ele podia e pode criar na arte e na ciência, porque também a ciência tem a sua aura, que também tem vindo a desaparecer progressivamente. O que nos fica se também tirarmos do altar a obra do homem?

No mundo atual, caracterizado por novas modalidades de comunicação, ganhou destaque uma nova forma de aura: a da tagarelice, que gera igualmente reverência e respeito a quem a pratica e que já não é

---

[26] T. Montanari e V. Trione, *Contro le mostre*, Turim, Einaudi, 2017. Estes autores, com argumentação aceitável, consideram negativa a multiplicação de mostras de arte, que frequentemente têm objetivos mais económicos do que educativos, e põem em evidência o perigo resultante da deslocação das obras de arte.

obra de um artista, mas dos grandes meios de comunicação social, em particular da televisão e da Internet.

Os políticos e aqueles que, de algum modo, detêm o poder, económico ou intelectual — ou pseudointelectual —, competem pela conquista deste novo tipo de aura, que não apenas confere prestígio e respeito, mas também tem um valor prático, já que atua como reforço do próprio poder. Aquele que aspira a esta aura não a obtém graças ao seu esforço ou à bondade do seu trabalho, mas simplesmente graças à sua presença maciça nos órgãos de comunicação social. Até o QI (quociente de inteligência), já justamente criticado pela sua fiabilidade relativa, é hoje medido pelas horas de presença na TV ou de circulação na Internet.

Os aspirantes à aura cuidam muito do seu aspeto, frequentemente assistidos por especialistas da comunicação, procurando (como num caligrama) unir a imagem às palavras. Nos debates falam, mas não escutam. Escutar é, de facto, perigoso: pode provocar o desaparecimento da aura; o debate, com efeito, pode inclusivamente tornar-se racional e remeter para o mundo real, no qual as auras não existem.

A aura da tagarelice não tem valor artístico e muito menos sagrado, mas é uma publicidade muito mais eficaz no mercado do poder, como os rolos infinitos de papel higiénico que correm por pradarias floridas: é uma flautista mágica que convoca multidões de seguidores entusiasmados que correm para recolher o seu próprio rolo.

VII

OLHAR, VER, FALAR

A arte não reproduz o visível, mas torna visível o que nem sempre o é.

Paul Klee

Prólogo

«Le monde est fait pour aboutir à un beau livre» (O mundo está feito para acabar num belo livro): com esta frase, Stéphane Mallarmé aludia a um livro que narrasse o mundo continuamente, incluindo as pequenas coisas, como numa espécie de gravação da realidade feita com uma câmara de filmar. Borges, retomando o tema, falava da «ambição de escrever um livro absoluto, um livro dos livros que os incluísse a todos como um arquétipo platónico, um objeto cujas virtudes não diminuam os anos»[27].

No contexto deste pequeno ensaio, gosto de pensar que com tais reflexões estes dois grandes autores queriam dizer que, para o género humano, o mundo inteiro, os seres animados e as coisas inanimadas, as montanhas, o céu, o lixo, as coisas belas e as coisas feias e, até, as coisas horríveis existem através da invenção das palavras. Por outro lado, gostaria de perspetivar que também aquilo que vemos acaba por ser palavra; o sentido da visão passa a sua informação a um tradutor que no-la restitui numa narração feita de palavras, e gostaria de defender este argumento à luz dos processos nervosos conhecidos, que são o seu fundamento anátomo-fisiológico.

Processos nervosos do olhar e do ver

Com frequência, na linguagem comum de todos os dias, os verbos «olhar» e «ver» são usados como sinónimos. Todavia, o dicionário esclarece-nos que não é bem assim e que, aliás, existe uma profunda diferença no significado dos dois verbos. Olhar significa «volver os olhos», «pousar o olhar», enquanto ver significa «tomar consciência da imagem». Com efeito, é

---

[27] J. L. Borges, nota sobre Walt Whitman, em *Altre inquisizioni*, Milão, Feltrinelli, 1963.

frequente dizer-se: «Olhei para o cenário do acidente, mas não consegui ver quem esteve envolvido.» São dois acontecimentos numa série temporal, olho e depois vejo. Gostaria, por isso, de me deter na diferença entre estas duas ações do ponto de vista dos processos cerebrais que as tornam possíveis. A primeira reflexão que vem logo à mente é a de que a diferença entre olhar e ver corresponde à distinção entre sensação e perceção, em que a sensação é o processo fisiológico de tomar consciência da imagem que entra na retina, enquanto a perceção é o processo fisiológico mediante o qual a imagem é elaborada em várias zonas do córtex e que, por fim, conduz ao conhecimento, ao reconhecimento baseado nos dados já presentes na memória. Por exemplo, se a imagem retínica me sugere que estou na presença de um ser humano, só com o sucessivo ato de elaboração cortical do ver é que reconheço que se trata do meu amigo Giovanni. Em síntese, pode dizer-se que a diferença entre olhar e ver, do ponto de vista neurofisiológico, consiste no facto de o primeiro ser a tomada de consciência da imagem retínica e o segundo ser a tomada de consciência da imagem cortical.

Não é minha intenção dissertar sobre as tonalidades de significado puramente linguísticas que distinguem os dois verbos (não tenho sequer competência para tal), mas sobretudo refletir sobre os dois tipos, muito diferentes, de funcionamento cerebral: no olhar está ativo um processo importantíssimo para a sobrevivência — quase de incluir nos reflexos —, rápido e, sendo automático, quase isento de erros; no ver atuam os processos do pensamento lento, sujeito a repensamentos, ligado ao hemisfério esquerdo do cérebro e, em particular, ao hemisfério da linguagem. Chega-se assim à conclusão, que pode parecer paradoxal, de que ver pode ser considerado parente próximo do falar e, definitivamente, do pensar.

Não é por acaso que a raiz grega *id* do verbo «ver» tem parentesco próximo com as palavras «conhecer» e «saber»: aliás, já Plínio, *o Velho* (23–79 d. C.), na sua *Naturalis Historia,* escrevia que se vê com a mente e não com os olhos.

Olhar é um processo em grande parte automático; em geral, na ausência de patologias da retina ou de defeitos da refração, todos temos a mesma imagem retínica de determinado objeto, que pode provocar uma resposta «instintiva» rápida, como afastar-se de um perigo; pelo contrário, ver, que como dissemos equivale principalmente a «reconhecer» e prever várias fases com a intervenção de várias regiões corticais, pode induzir uma mudança do estado cerebral, uma mudança do pensamento e da avaliação do objeto e, consequentemente, do comportamento.

Exploração visual da imagem

No que respeita ao olhar, podemos acrescentar que o visionamento de um quadro, de um rosto ou de uma paisagem implica, como primeiro processo, uma exploração em grande parte automática da imagem que incide sobre a retina; isso requer breves fixações do olhar em pontos específicos e movimentos rapidíssimos dos olhos, chamados movimentos oculares sacádicos. Recordo que para deslocar o olhar para um ponto distante de outro 25 centímetros, ambos à distância de um metro, são necessários 20 milésimos de segundo, e que o movimento ocorre simultaneamente nos dois olhos. Este processo é exigido pelo facto de, na retina, apenas uma pequena parte, chamada fóvea, ter a melhor visão com a mais elevada acuidade visual: a fóvea, porém, tem um diâmetro de apenas 0,5 milímetros e subtende um ângulo de cerca de um grau no campo visual. Tenha-se presente que a largura de um dedo da mão à distância do braço estendido subtende um grau. Portanto, o olho move-se rapidamente, retém na memória o resultado de cada exploração e reconstrói a imagem inteira. A exploração faz parte do olhar e é guiada pelos pontos de rutura da imagem como, no caso de um rosto, a orelha, o nariz, a boca, etc.; compreende-se isso melhor observando a Fig. n.º 6, que mostra a exploração da imagem da bela Nefertiti. Se a ação é efetuada por muitos sujeitos, os movimentos dos olhos são em tudo idênticos. No caso de uma imagem muito simples, como um quadrado, os movimentos dos olhos repetem fielmente essa figura geométrica.

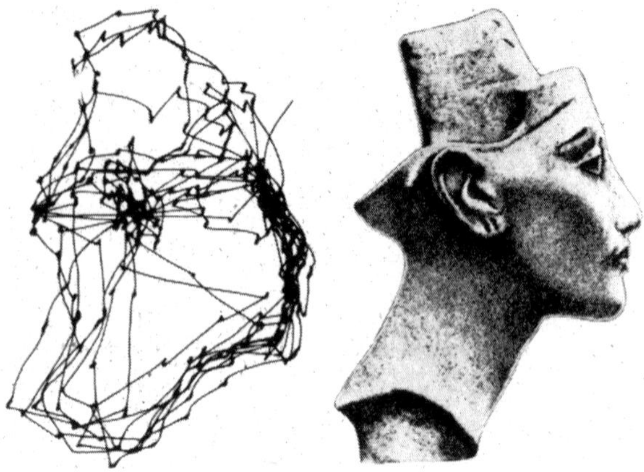

FIG. 6. Exploração do rosto de Nefertiti (1345 a. C.) exposta no Neues Museum de Berlim.

Uma experiência

O olhar não varia consoante as várias situações psicológicas do sujeito, mas estas influenciam muitíssimo o processo de ver, que parece, assim, afastar-se dos processos nervosos da pura e simples modalidade sensorial para envolver processos nervosos de ordem superior.

Alguns resultados experimentais confirmam esta diferença: com efeito, a imagem retínica do homem e de muitos mamíferos não é influenciada por outras entradas cerebrais, por exemplo de origem cortical, como são, ao invés, todos os centros visuais mais centrais, que analisam a informação retínica. A este respeito, cito um estudo pioneiro de há muitos anos em que participei[28], no qual demonstrámos que o funcionamento retínico não varia com as condições do animal, como, por exemplo, o sono e a vigília, enquanto muda de modo evidente nos neurónios dos centros visuais superiores (do corpo geniculado lateral até ao córtex visual). Nestes centros que elaboram a informação retínica, a atividade elétrica proveniente da retina sob a forma de impulsos nervosos modifica-se durante o sono do animal, por influência dos centros do tronco do encéfalo que regulam o sono e a vigília. Pode parecer estranho falar de visão durante o sono, mas é oportuno recordar que o cérebro, em termos de impulsos nervosos, está tão ativo durante o sono como durante a vigília.

Em quase todos os mamíferos, incluindo o homem, não existem de facto comunicações dos centros nervosos para a retina, as chamadas fibras centrífugas.

Janela ou cantil de gasolina?

Se ver é essencialmente reconhecer, ou seja, uma comparação entre as imagens recolhidas pela retina e as imagens acumuladas na memória, então, daqui

---

[28] L. Maffei, G. Moruzzi e G. Rizzolatti, «Geniculate Unit Responses to Sine-Wave Photic Stimulation during Wakefulness and Sleep», *Science* 149, 1965, pp. 563–564.

Fig. 7. Família africana.

resulta necessariamente que o «já visto» é um fator essencial do «vejo».

Se a informação visual na memória é diferente de sujeito para sujeito, esse facto pode levar a interpretações diferentes da mesma imagem retínica. *Tot capita, tot sententiae* [Cada cabeça, sua sentença].

Muitas observações neste campo confirmam esta afirmação: alguns estudiosos apresentaram imagens específicas a pessoas que vivem em países ou continentes distantes, por exemplo em África; aqui, por razões ligadas à experiência diária, pode acontecer que as pessoas interpretem as imagens de maneira aparentemente bizarro que, porém, se torna compreensível tendo em conta o contexto. Cito um exemplo clássico que apareceu numa publicação da Unesco (Fig. n.º 7).

Perante a apresentação da vinheta, enquanto um ocidental perceciona uma família reunida na sua casa e uma janela que se abre para o exterior, um habitante local pode facilmente responder que vê um grupo familiar em descanso junto a uma árvore e que uma das mulheres, em particular, tem um cantil de gasolina em cima da cabeça.

A visão do «nunca visto antes»

Uma fotografia não é a realidade. Muitos antropólogos, entre os quais Derengowski, que recolheu as narrativas dos viajantes que entraram em contacto com povos que viviam isolados do resto do mundo, se interessaram por este problema fascinante, estudando populações que não tinham feito experiência de objetos representados, por exemplo, em fotografias: os resultados são interessantes e até divertidos. Os sujeitos, perante fotografias de animais ou de objetos familiares, respondiam de modo totalmente errado: para eles, olhar não lhes dá conhecimento. Contudo, se o experimentador lhes explica que se trata das pernas, cabeça e rabo, por exemplo, de uma vaca, então, inesperadamente, a imagem torna-se reconhecível. As palavras trazem o conhecimento e permitem a compreensão da imagem representada. Numa tribo africana foi projetado um diapositivo de um elefante e as pessoas fugiram cheias de medo, enquanto o corajoso chefe da tribo se dirigiu à parte detrás do ecrã improvisado, um lençol, para se certificar da presença do elefante.

Muitíssimas histórias deste tipo reiteram o conceito de que ver é reconhecer. Os sentidos fornecem-nos as informações iniciais, os tijolos com que, de seguida, o cérebro racional do hemisfério esquerdo constrói as casas do conhecimento e as cidades do pensamento, em que as palavras são as ruas que reúnem as construções do conhecimento e tecem o comportamento, a realidade, diria mesmo a narrativa de cada um de nós.

Citando de novo Mallarmé, tudo termina nas palavras e até as imagens acabam por se tornar narrativa.

Recuperar a visão

No contexto da visão do «nunca visto antes», fazem parte também as experiências de pacientes que recuperam a visão, após patologias oftalmológicas, quando adultos ou, pelo menos, quando adolescentes.

Em geral, na ausência de uma experiência visual anterior feita durante os primeiros anos de vida, a visão resulta problemática e é acompanhada, com frequência, por patologias neurológicas.

Há casos, raros nos nossos dias, em que os sujeitos que recuperam a visão quando adultos — após operação à catarata congénita bilateral ou após transplante das córneas, no caso de opacidade da córnea — manifestam dificuldades dramáticas no uso da modalidade sensorial recuperada, quando não a rejeitam mesmo. Este facto tem causas específicas e, em grande parte, conhecidas. As ligações das vias óticas com as áreas corticais da visão formam-se durante os primeiros anos de vida sob a influência da experiência visual. Na ausência desta, como nas condições patológicas acima recordadas, as ligações corticais formam-se de maneira anómala e não reversível com a tardia recuperação da visão. Por outro lado, dá-se, nestes casos, um processo vicariante da visão por parte de outras modalidades sensoriais, como a audição ou o tato, que o sujeito aprende proficuamente a utilizar.

Todos os pacientes têm dificuldade em «rever», faculdade que, de resto, permanece sempre imperfeita. Alguns destes pacientes não suportam, inclusivamente, a informação que pode gerar confusão da modalidade sensorial recuperada e entram em depressão, ou em certos casos, descritos na literatura neurológica, chegam a suicidar-se. Um dos casos apresentados por Oliver Sacks também tem por objeto este problema da recuperação da visão. Aliás, o autor chega mesmo a descrever em pormenor as dificuldades visuais de um paciente — por exemplo, quando tenta ver televisão — e o aparecimento da sintomatologia psicopatológica[29].

[29] O. Sacks, *Un antropologo su Marte*, Milão, Adelphi, 1998.

Le jocose problème

A hipótese segundo a qual os cegos que recuperam a visão em idade adulta conseguem reconhecer visualmente objetos que conheceram com outra modalidade sensorial, por exemplo, apenas com o tato, está substancialmente errada. A migração do conhecimento adquirido com uma modalidade sensorial para outra modalidade sensorial é escassa ou nula.

Neste contexto, parece-me interessante recordar que a possibilidade de o conhecimento dos objetos através do tato se transferir para a visão representa um problema que o homem se coloca há muito tempo. Cito, como exemplo clássico, o caso do astrónomo e físico Molyneux, que, em março de 1693, apresentou ao seu amigo filósofo Locke «un jocose problème», como ele mesmo definiu. A pergunta era:

> Imagina um homem adulto, cego desde o nascimento, que aprendeu pelo tato a distinguir um cubo de uma esfera de marfim. Supõe que ele, a certa altura, recupera a visão. A questão é se ele, usando unicamente a visão, e antes de tocar no objeto, consegue distinguir a esfera do cubo.

A resposta é substancialmente negativa porque, como dissemos, ver é sobretudo reconhecer, e não se pode reconhecer aquilo que a experiência não depositou na memória visual.

Ver com o corpo todo

O cérebro de cada ser humano é único, pois o seu património genético também é único, tal como, de resto, a sua experiência do mundo, que acumula no cérebro de cada indivíduo um conteúdo de informações diferentes.

A mesma imagem na retina pode induzir perceções diferentes, precisamente como se, com os mesmos tijolos, indivíduos diferentes construíssem casas diferentes, uma vez que as suas capacidades e cultura arquitetónica também são diferentes.

Ver é um processo tão pessoal, que pode ser influenciado, como foi dito em relação ao sono e à vigília, pela situação pessoal do sujeito, pelo seu estado de saúde, pelo seu humor, que podem variar na mesma pessoa em momentos diferentes conduzindo a diferentes interpretações da imagem retínica, inclusivamente durante o mesmo dia. Dou um exemplo que vem de uma experiência pessoal que certamente muitos já tiveram ocasião de fazer. Se vou a um museu para ver de novo um quadro ou um fresco de que gosto muito, saio satisfeito, saciado de um prazer estético de natureza biológica, que tem a sua base no desenvolvimento de mediadores químicos, moléculas da categoria das catecolaminas (como a dopamina e a noradrenalina), ou a serotonina (um derivado do triptofano) e as neuro-hormonas, que são libertadas no meu cérebro pelo visionamento daquelas imagens.

Alguns comparam este fenómeno a uma espécie de orgasmo que, em vez de partir dos recetores da reprodução, parte dos recetores da visão e da audição.

Contudo, se noutro dia vou ao mesmo museu para ver aquelas mesmas obras de arte que, portanto, produzem as mesmas imagens na minha retina, mas estou de mau humor, ou preocupado ou com dor de cabeça, não consigo sentir nenhum prazer, os mesmos estímulos não ativam a fisiologia do prazer. O prazer estético nasce da elaboração cortical da imagem e o recetor «gerador» é o cérebro, um prazer *top-down*, como se diz em linguagem técnica, e não *bottom-up*, como o de origem sexual. Se o cérebro gerador de prazer estiver num estado biofísico diferente por fatores contingentes, as mensagens do prazer não conseguem arrancar.

A meu ver, portanto, o verdadeiro prazer é intelectual, isto é, cortical. A este propósito, é interessante recordar que a atividade elétrica do córtex não varia no prazer sexual e é particularmente limitada nos centros do lobo límbico.

Ver ao longo dos séculos

Há alguns anos, um colega, historiador de arte na Escola Normal Superior de Pisa, acompanhou-me numa visita ao Cemitério Monumental de Pisa para vermos os famosos frescos medievais. O ambiente é esplêndido, sugestivo e os frescos são magníficos, descritos como dos mais perturbadores, capazes de gerar medo nalguns visitantes. São obra do artista florentino Buonamico di Martino, também chamado Buffalmacco (o título destas obras, como se sabe, é *O Triunfo da Morte*, 1335–1338).

Quando passámos pela representação do Inferno, o meu guia fez-me reparar numas fendas na parede que eu achava que eram consequência dos bombardeamentos que, na última guerra, tinham atingido o monumento, mas o colega propôs-me outra hipótese: muito provavelmente, as fendas eram bastante mais antigas e tinham sido provocadas pelas pedras atiradas pelos visitantes medievais contra os diabos por medo do Inferno e da morte.

Percebi quão diferente era o meu ver relativamente ao dos antigos visitantes, que também tinham retinas e cérebro comparáveis em tudo aos meus, tanto do ponto de vista anatómico como funcional. As imagens que chegavam aos seus olhos eram as mesmas, mas as suas interpretações eram completamente diferentes. As explicações do meu guia tinham-me ajudado a ver de maneira diferente.

De resto, os visitantes medievais da Capela Scrovegni, em Pádua, ou dos frescos de Giotto, em Assis, olhavam para as pinturas como se fossem um livro (a maior parte era analfabeta) que narrava, por imagens, as histórias da Bíblia, numa espécie de televisão medieval que se destinava a reforçar a fé, mas também a ordem social. A mensagem da pintura medieval era sobretudo verbal, uma narração das histórias da Bíblia, em que as imagens pintadas, tal como na banda desenhada, serviam para dar a ilusão da realidade da mensagem verbal e facilitar a sua leitura.

Estas pinturas são as primeiras em que a linguagem pictórica tenta uma representação mais realista do espaço e uma maior expressividade das personagens, nas quais começam a emergir os sentimentos, como no «beijo de Judas», da Capela Scrovegni, em que Jesus e Judas comunicam entre si com o olhar.

Para nós, hoje, estes frescos são um ponto de viragem na pintura dada a sua modernidade, que nos abre à discussão sobre o traço, as cores, sobre o advento de uma representação mais mimética da realidade e das paisagens e sobre o aparecimento da perspetiva. Estes frescos têm, para nós, um interesse estético-cultural e não religioso. Em suma, vemos de maneira diferente dos nossos antepassados, vemos com o cérebro do nosso tempo; os frescos são, como diria Umberto Eco, uma obra aberta.

Na pintura renascentista, o observador fica mais vinculado à prisão da perspetiva. O artista tornou-se num ditador que quer ensinar o observador a ver, convencido de ter descoberto as leis da visão e da representação. O trabalho do observador torna-se mais analítico: tem de aprender, como um aluno, as leis do ver. A pintura renascentista tem a beleza, a clareza e o fascínio da ciência.

Deve salientar-se que as leis da perspetiva não respeitam de todo a biologia: em primeiro lugar, por causa da lei da constância das dimensões, já que os objetos até à distância de sete, oito metros conservam, na apreciação do observador, as suas dimensões reais; depois, a perspetiva concerne apenas à visão de um único ponto de vista, sem permitir a deslocação do observador.

A subjetividade fisiológica do ver ajuda a perceber por que razão o artista, embora experimentando a nossa mesma realidade, a representa de maneira por vezes tão diferente, que, no início, pode ser incompreensível até para os seus contemporâneos. O artista é único e irrepetível, como cada um de nós, dado o seu património genético e as experiências que influenciaram o seu cérebro visual e, portanto, não surpreende que ele consiga ver e interpretar os mesmos objetos que nós vemos de maneira pessoal; é *uma obra única*. Nós, espectadores, precisaremos de tempo, porventura anos, para aprendermos a ver e a admirar aquilo que não compreendíamos por ser uma novidade para o nosso cérebro. Neste caso, o artista ensina-nos a ver e, de resto, é experiência comum que também na escola seja preciso tempo e aplicação para aprender a ler ou adquirir uma noção nova.

Foram necessários muitos anos para apreciar movimentos artísticos como, por exemplo, o impressionismo ou o abstracionismo. Tínhamos de os aprender. Do ponto de vista do neurofisiologista, tudo isto é normal ou mesmo previsível. Pensar tendo presente os processos cerebrais que estão na sua base ajuda, por vezes, a compreendermo-nos inclusivamente a nós mesmos.

Não é de espantar que, para dar um exemplo, o quadro *Almoço na Relva*, de Manet (1862), tenha escandalizado o público e os críticos de arte, tendo sido recusado no Salão de Paris; só mais tarde foi aceite no Salão dos Recusados, e o nome é já alusivo. Hoje, formam-se longas filas à entrada do Museu de Orsay para o poder ver e admirar, já que é considerado uma obra-prima.

A comunicação visual e a comunicação verbal, sempre misturadas ao longo dos séculos, foram sofrendo variações com o passar do tempo. Por exemplo, no Renascimento a representação da realidade é visual-espacial, predominam as estruturas arquitetónicas, as personagens movem-se num ambiente realista e a perspetiva é a tentativa de tornar o realismo o mais realista possível. A imagem domina a palavra.

No século XX, com o cubismo e o abstracionismo, abandonada a mimese da realidade, é a palavra que domina a imagem com a qual se pretende exprimir conceitos ou sentimentos quase já palavras. «I want to express my feelings, rather than illustrate them» (Quero exprimir os meus sentimentos em vez de os ilustrar), dirá Jackson Pollock, tentando gritar a sua revolta em favor da liberdade de ver e de representar.

Estes artistas usam o pincel, porque lhes é mais congenial, mas poderiam também usar a caneta.

Concluindo as observações sobre a pintura medieval e renascentista, bem como a comunicação dos nossos dias, sou levado a dizer que têm alguma coisa em comum, ou seja, transmitem substancialmente uma mensagem visual-espacial cuja finalidade é a de convencer, por meio da arte, o observador-espectador de uma verdade, de uma lei, de um produto.

Galileu «vê» a Lua

Um exemplo impressionante e de grande interesse histórico-científico de como conhecimentos anteriores influenciam o ato de ver é-nos dado pelas observações da Lua levadas a cabo por Galileu Galilei e pelo inglês Thomas Harriot, na mesma época, com dois telescópios (melhor seria dizer óculos) provavelmente semelhantes. Em vez de usar o telescópio, que tinha finalidade militar, para avistar o inimigo ou barcos à distância, Galileu apontou-o para o céu. É muito provável que as imagens da Lua nas retinas de Galileu e Harriot fossem absolutamente semelhantes e, no entanto, as descrições dos resultados são completamente diferentes. As observações de Galileu são de grande precisão, comparáveis às feitas modernamente com os satélites, enquanto as de Harriot não têm valor científico e aludem às velhas conceções aristotélicas

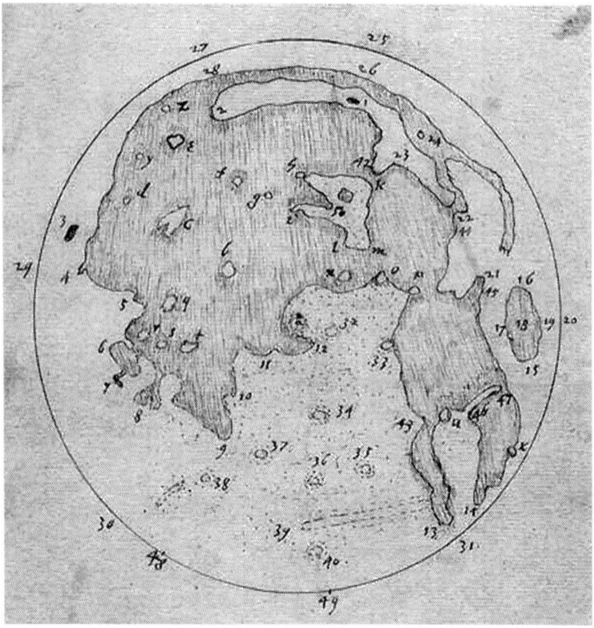

Fig. 8. Mapa da superfície lunar de Thomas Harriot.

(Fig. n.º 8). Nas imagens telescópicas, vistas pela primeira vez pelos olhos humanos, Galileu vislumbrou sombras que interpretou corretamente como rugosidades da superfície, montes ou crateras «altissima montium iuga» ou «cavitates» (Fig. n.º 9).

Galileu Galilei representa na sua obra *Sidereus Nuncius* (1610) os resultados das suas observações, com belíssimas aguarelas. Pensa-se que as suas interpretações corretas das rugosidades lunares se deveram, em parte, à sua experiência de pintor e aos efeitos que se consegue obter a partir do claro-escuro.

FIG. 9. À direita, o desenho de Galileu; à esquerda, uma imagem telescópica recente da Lua. A cratera desenhada por Galileu no limite entre a zona iluminada e a zona sombreada é muito maior do que a da fotografia.

Em 1612, Galileu escrevia ao seu amigo Ludovico Cigoli o seguinte: «Conhecemos, portanto, a profundidade não como objeto da visão enquanto tal, e absolutamente, mas por acidente em relação ao claro e ao escuro.» O próprio Cigoli também experimentou observar a superfície lunar com um telescópio que Galileu lhe oferecera; na sua pintura da Madona na Basílica de Santa Maria Maior, em Roma, nota-se que os pés de Nossa Senhora estão apoiados sobre a Lua retratada como a observou ao telescópio.

VIII

A CULTURA, GOSTE-SE OU NÃO, É CÉREBRO

A maior descoberta da minha geração é a de que os seres humanos podem modificar a sua vida modificando a sua atitude mental.

WILLIAM JAMES

As imagens falam

Folheio um álbum de velhas fotografias de família: vejo as imagens do meu avô, do meu pai, da minha mãe e, como que por encanto, as fotografias começam a falar. É a minha memória que recorda as suas palavras, admoestações e conselhos; e ouço o meu pai a exortar-me a estudar Medicina porque — era esta a sua convicção — os médicos não têm patrão, como infelizmente ele tinha tido; e o meu avô a falar-me do belo passeio pelas muralhas de Luca que ele faz todas as manhãs pela alvorada antes de ir trabalhar no seu banco de sapateiro, onde ficaria sentado o dia inteiro; e o cuidado da minha mãe a dizer-me que comesse mais e estudasse menos. As imagens, inclusivamente nestas velhas fotografias, pequenas, a preto-e-branco, falam e narram não a delas, mas a minha história. As imagens são como capas convidativas de livros de que a memória folheia as páginas, revelando o seu conteúdo.

Também os quadros dos pintores mais amados são capas de livros, narradores fascinantes: alguns quadros dizem-me mais do que outros, talvez porque existem imagens retínicas mais adequadas para estimular os centros da palavra e são, sem dúvida, aquelas que despertam na nossa memória emoções, recordações, interesses que querem reviver. Entre tantas imagens falantes, vem-me à mente *A Morte de Marat* (1793), pintada por Jacques-Louis David, seu amigo; a minha memória, estimulada pela figura de Marat assassinado na banheira, faz reviver os conhecimentos escolares deste importante episódio da Revolução Francesa, mas também me recorda os problemas de pele que obrigavam o erudito iluminista a ficar durante muito tempo dentro de água.

Na minha recordação, uma natureza morta de Giorgio Morandi — garrafas, jarros, tigelas de tintas suaves, unidas com grande cuidado nos pormenores e nos matizes — parece buscar as palavras certas, para compor, com garrafas banais, um poema. Esta obra fala-me de Morandi com palavras comoventes, que parecem vindas da sua oficina na rua della Fondazza, em Bolonha, onde passou, apartado, quase toda a sua vida. Quantas capas! Quantas histórias!

Há anos, apanhei o comboio de Nova Iorque para Filadélfia para ir ver o famoso quadro de Matisse *A Alegria de Viver* exposto na Barnes Foundation (Fig. n.º 10). Utilizando a metáfora da capa de um livro, neste caso, além do quadro, também o título é fantástico. Dois versos de Baudelaire descrevem-no na perfeição: «Là, tout n'est qu'ordre et beauté / Luxe, calme et volupté» [Nele, tudo é ordem e beleza / Luxo, calma e deleite].

Neste quadro emerge a alegria de viver, de usufruir do que temos — a natureza e nós mesmos — sem a

FIG. 10. Henri Matisse, *A Alegria de Viver*, 1905–1906, óleo sobre tela, Filadélfia, Barnes Foundation.

FIG. 11. As lápides dos irmãos Van Gogh em Auvers--sur-Oise.

ansiedade neurótica de obter o que não temos; é uma atmosfera de paz benfazeja.

E depois leio o livro de Van Gogh subjacente ao seu último ou penúltimo quadro, *Campo de Trigo com Corvos*, com a data de 8 de julho de 1890. O pintor virá a falecer a 29 de julho de 1890 em Auvers-sur--Oise, onde está sepultado ao lado do irmão Theo (Fig. n.º 11). Neste quadro o artista fala-me dos seus tormentos, da sua loucura, com pinceladas inquietantes, loucas, que narram a sua dramática experiência humana e a sua arte imortal.

E vejo também *O Grito*, de Munch, que parece pedir--me socorro. Dirá coisas diferentes, eventualmente, a outro observador. Não me espanto se o pintor tiver uma linguagem para cada um de nós porque, na realidade, somos nós quem transforma a imagem em palavras.

E Jackson Pollock, que narra o desejo de liberdade de pensamento e de ação e fala de droga e desespero, com traços semelhantes aos de um ramo de árvore mergulhado na tinta pintando impelido por ventos incertos.

Questiono-me sobre qual seria a experiência estética de um quadro «mudo», incapaz de desencadear o milagre da palavra nos centros da linguagem e se tornar narrativa. Um macaco, que, não tendo palavra, não pode transformar a imagem numa narrativa, não se comove perante o grito de Munch ou a inquietude de Jackson Pollock.

Ao longo dos séculos, os artistas, nas suas manifestações pictóricas ou escultóricas, sempre contaram histórias: por exemplo, aquelas narrativas mitológicas das métopas do Pártenon ou do Santuário de Hera Argiva na foz do rio Sele, nas proximidades de Paestum (séc. VI a. C.), onde se narram as histórias dos heróis do *epos* grego, episódios da Guerra de Troia ou dos trabalhos de Hércules; ou, mais tarde, as histórias de Roma e das suas conquistas contadas ao longo das 23 espirais esculpidas em baixo-relevo na Coluna de Trajano (séc. II d. C.). Ou ainda as histórias do Antigo Testamento e do Novo Testamento, narradas pelos frescos da Capela Scrovegni (séc. XIV) de Pádua ou da Basílica de São Francisco de Assis (sécs. XIII–XIV).

São imagens que falam, que narram, pedindo palavras emprestadas aos observadores.

A imagem retínica é como um sinal que, ativando uma série de ocorrências nervosas, convida os centros da linguagem a narrarem com palavras a história representada, que, com a qualidade artística das obras, é a mensagem que nos comove. As imagens visuais podem tornar-se livros e, enquanto tais, são, como diria Borges, próteses da memória nas prateleiras confusas da nossa vida.

Quando vou a um museu, quero sentir-me livre das indicações de guias profissionais que me dizem aquilo que é belo ou não; quero escutar as palavras das obras sem tradutores e sem intérpretes. Só depois da experiência pessoal sinto a necessidade de aprofundar, de saber mais e, também, de conhecer as biografias dos artistas e o seu mundo. Quero ver com a minha história, com o meu cérebro, não com o cérebro dos outros.

Ver com as palavras

Quero esclarecer que refletir sobre a diferença entre olhar e ver, como fiz até agora, não pretende ser um desvio bizarro do tema principal que é a fuga em relação à palavra e à conversação, e as suas causas e consequências nas relações sociais e familiares. As minhas ambições são mais corajosas ou, porventura, simplesmente provocadoras, e almejam demonstrar que também no ato de olhar se pode esconder, a meu ver, uma evidência indireta da fuga em relação à palavra. Na era da tecnologia digital e da globalização, comunicar e comunicar velozmente tornou-se num *must* do homem moderno e limita-se a um número cada vez mais reduzido de símbolos que parecem ter um significado mais visual do que verbal. A comunicação verbal é considerada um meio de comunicação lento e obsoleto, não completamente adequado ao mercado e às necessidades da vida moderna.

Olhar pertence ao âmbito das avaliações rápidas da realidade, pois produz imagens que, oportunamente, não passam pelo crivo do cérebro racional e são parentes próximas dos tuites, WhatsApp, SMS, do *chat* das redes sociais que, a meu ver, são pinceladas usadas para esboçar um quadro rápido e aproximativo da realidade, que pode ser errado ou ambíguo. A leitura das mensagens deste tipo é parente próxima do ato de olhar.

Ver, ao invés, entendido como análise da informação visual no contexto das informações na memória e das outras funções cerebrais sensoriais e também vegetativas, supõe-se que forneça um quadro mais aprofundado da realidade e é parente daquilo que se pode transmitir comunicando mediante a linguagem, ou seja, mediante o conteúdo e a interpretação da informação visual. Portanto, parece-me correto e de bom senso — quando mais não seja como sugestão para a reflexão — concluir que o ato de ver é parente da linguagem, incluindo os processos cerebrais que estão na sua base.

O cérebro em devir

Dá-se por adquirido que a anatomia do cérebro não mudou durante as últimas centenas de séculos: é o que encontramos declarado em muitos tratados e nunca se levanta a mais pequena dúvida sobre a questão. Afirma-se que o cérebro é estável, que só a cultura muda e que esta ocorrência explica as variadas interpretações das mesmas imagens em épocas diferentes. A afirmação de que o cérebro não mudou ao longo dos séculos, todavia, seria verdadeira — no sentido de cientificamente comprovada — só conseguindo comparar a estrutura macroscópica e microscópica dos cérebros das várias gerações, caso contrário tal afirmação é meramente hipotética e possivelmente errada.

Quero argumentar que a estrutura do cérebro, e a sua função, mudou ao longo dos séculos, mudou nas várias gerações e até ao longo da vida de uma pessoa. Com efeito, é sabido que uma mudança no ambiente (isto é, nos estímulos aferentes ao cérebro num determinado tempo da vida de um animal ou de um homem) produz uma mudança no funcionamento e também na estrutura do cérebro ao nível das conexões sinápticas, graças às propriedades da plasticidade cerebral. Deve ser esclarecido que estas mudanças são de tipo lamarckiano, isto é, não são transmitidas de geração em geração, mas dependem da permanência das características ambientais.

A cultura, goste-se ou não, não paira no ar, é simplesmente cérebro. Quando muda a cultura, muda o cérebro e também é verdade que mudando o cérebro, por exemplo por razões patológicas, muda também a sua interpretação da cultura, do ambiente em que vive. É útil e correto recordar que mudar simplesmente de ideia só pode significar mudar a função do cérebro de maneira transitória ou, até, permanente.

O livre-arbítrio, em termos neurológicos, é precisamente a liberdade que a evolução — ou, para os crentes, o Senhor — nos deu para mudarmos o funcionamento do nosso cérebro, que sobretudo nos primeiros anos de vida é extraordinariamente moldável, ou seja, sujeito a modificações em função da experiência.

Homens de séculos diferentes, mas se calhar também de gerações diferentes, veem de forma diferente simplesmente porque têm um cérebro diferente.

Se, por hipótese, numa *Gedankenexperiment*, se fizesse incidir as mesmas imagens sobre a retina de homens de séculos ou contextos diferentes, as perceções deles seriam diferentes e estreitamente relativas ao tempo e ao ambiente em que vivem.

Poder-se-ia mesmo apostar que um fator na base dos conflitos geracionais cíclicos entre pais, avós, filhos e netos reside precisamente na diversidade dos cérebros entre jovens e velhos, e sou de opinião de que este facto é particularmente evidente nos nossos dias, quando a globalização e o desenvolvimento extraordinariamente veloz da tecnologia, em particular das comunicações, criaram diferenças culturais e comportamentais bastante profundas entre gerações próximas. Por outro lado, não se deve descurar que nos idosos, a somar às mudanças desencadeadas pela cultura diferente, ocorrem as inexoráveis transformações relacionadas com a idade.

Tudo o que se disse sobre o sentido da visão pode aplicar-se, obviamente, aos outros sentidos. Os meninos de outrora criados pelas avós com esparguete e bifinhos panados correm, agora, entusiasmados para os restaurantes de *kebab* e *sushi.*

Na época da globalização, do consumismo e do mercado, num contexto de espectadores distraídos, as imagens servem para convidar a comprar e para convencer de que o novo produto é indispensável para não se ficar tecnologicamente para trás. Nota-se, com frequência, uma confusão entre tecnológico e cultural, ainda que verosimilmente as duas palavras tenham uma intersecção. A tecnologia é um subconjunto da cultura, embora amiúde viciada pelos interesses do mercado. A comunicação, neste contexto, ainda que mediante imagens, é sobretudo verbal e transmite uma mensagem única: *compre e consuma.*

Indivíduos que tiveram experiências semelhantes e que, portanto, desenvolveram cérebros semelhantes tendem a formar um grupo, uma tribo ou uma nação; por isso, creio que os Europeus, dada a sua história e a sua cultura entretecida e amplamente partilhada — incluindo o ensino, cujos conteúdos mergulham as suas raízes na mesma tradição greco-latina —, aspiram legitimamente a uma nação europeia.

Devemos, todavia, considerar que o cérebro precisa de tempo para se reestruturar, enquanto as mudanças da aldeia, agora global, se sucedem a grande velocidade. Isso deve-se sobretudo ao grande desenvolvimento da tecnologia das comunicações e à globalização dela resultante; valoriza-se uma maior rapidez de viver, o pensamento lento foi ultrapassado pelo pensamento rápido e parece que os indivíduos já não têm tempo para escutar ou refletir, e preferem decidir, como se a rapidez fosse, em si mesma, um valor económico, político e comportamental: *o ver está a ser ultrapassado pelo olhar, o pensar pelo crer, o conhecer pela sensação, o cérebro «do conhecimento» pelo «cérebro motor»*. O fazer «não importa o quê» e o mover-se «não importa em que direção» são já, em si mesmos, desejados.

CONCLUSÕES

Enquanto passeava vi uma acácia-mimosa, de flores amarelas sob o sol da primavera, e vieram-me à mente as palavras «bela», «céu», «vida»; continuei o passeio e dei-me conta de que tinha transformado a visão da árvore em palavras. Agora, já não via a árvore, mas levava comigo as palavras que ela tinha suscitado em mim, e estas restituíam-me também a visão da árvore. Na minha memória a árvore era palavras, o primeiro ato do meu ver já não era o olhar, mas palavras.

Refleti sobre o facto de que vemos com a nossa cultura, com o nosso eu complicado, que é feito de palavras. Refleti sobre o facto de, quando vou a um museu e alguém me descreve um quadro e me fala da vida do artista, ver o quadro de maneira diferente. As palavras ensinaram-me a ver. O grande armazém do ver é feito de palavras. Sou levado a pensar que quem tem mais palavras vê mais.

As palavras são a minha memória, a minha narrativa: sou feito de palavras, porventura silenciosas; o pouco que sei são palavras, cadeias de acontecimentos que regressam na sua sequência não apenas gramatical e sintática, mas na lógica racional ou irracional da recordação, e me refazem o mundo e me narram de novo. De resto, o milagre da evolução gerou as palavras para que o homem possa narrar, para que na sucessão das gerações não se perca o património das experiências vividas. Que seria do homem sem as palavras?